サービスデザインの教科書

共創するビジネスのつくりかた

武山政直

NTT出版

まえがき

　「モノのビジネスからコトのビジネスへ」といった掛け声をよく耳にする．この言葉には，モノづくりやモノ売りが伸び悩むなか，形の無いサービスや体験でビジネスをしようというメッセージが込められているようだ．とは言え，モノの商売でこれまで長らく頑張ってきた人々が，いきなりサービスや体験を売れと言われても，実際のところ何をすれば良いかピンとこないかもしれない．

　また，ビジネスの世界では，「デザイン思考」が最近話題になっている．デザイナーの創造的な問題解決の方法をビジネスに応用するもので，これまでにない新しい価値を生みだすイノベーションの秘策として期待が寄せられている．ただし，デザインという言葉が，多くの人に製品のスタイルや美しさを連想させるため，それが思考やビジネスとどう関連するのか想像しづらいところがある．

　こういったビジネスのスローガンや話題の手法の多くは，あるとき一斉に注目を集めて，しばらくもてはやされた後に，その限界が来た，あるいは時代遅れであるとする主張が現れて，別の新しい考え方や流行の手法に置き換えられる運命をたどる．インターネットの時代は，どうしてもこういった流行の繰り返しに右往左往してしまいがちだ．しかし，情報が早く広まり，あっという間に入れ替わる時代だからこそ，ある用語や手法に注目が集まる背景や，それがどのような社会のより大きな変化と結びついているのか，慌てずにじっくり考えてみる必要がある．

　日本や先進諸国の経済が，第二次産業（主に製造業）から第三次産

業（広義のサービス業）へと重点を移しているのは周知の通りだ．しかし，実際のビジネスでは，もはや製品とサービスを区分することが意味を失いつつある．例えば，スマホは製品だが，その利用価値は，各種のアプリをインストールして得られるサービスによって引きだされている．家電製品でも，工場の機械や設備でも，インターネットを介して何らかのサービスと組み合わせて使用されるものが次々と現れている．今後，さらにIoT（モノのインターネット）が普及することで，身の回りの製品の多くが，様々なサービスを利用する装置として使われるようになることが予想される．

　こういった製品とサービスの統合が進んでいくと，何を顧客に提供するかよりも，顧客にとっての成果をどう生みだすかがビジネスにとって重要な目標となっていく．そこで，近年のマーケティング論では，企業が提供するものの有形・無形の違いを問わず，あらゆる事業の目的は，顧客の成果を顧客とともに生みだすこと（価値共創＝サービス）と考える．しかし，顧客の成果に企業が関与するということは，これまで何かを提供することを中心に事業を組み立ててきた企業に新たな挑戦を突きつける．それは，慣れ親しんだこれまでのマーケットや事業領域を超える発想を要求するだけでなく，既存の事業の根本的な再編を迫ることにもなりうる．さらに，合理的に管理された生産や販売の場を離れ，予測できない顧客の活動により深く，また広く関与することで，企業は様々な不確定性や多様性，複雑性を相手にすることを余儀なくされる．

　では，企業は自らのコントロールを失ったビジネスの世界において，どのように事業の機会を見つけ，またいかにしてそれを実現すれば良いのか．その問いへの答えを導くのが，サービスデザインである．ただし，それは美しい造形や人々を魅了する装いをサービス

に当てはめようとするものではない．サービスデザインは，複雑で曖昧なビジネスや社会の問題状況を，新たな価値共創の，そして既存の常識を打破するチャンスと捉え，そのような機会を実現するアイデアの検討に利害関係者を巻き込みながら，より望ましいサービスや事業の創出を導く．

　本書はサービスデザインの解説書だが，特に，マーケティング論におけるサービスの新しい考え方と，社会の様々な領域への応用が期待されるデザインのアプローチの融合に焦点を当てて，サービスデザインの意義や特徴，実践方法を説明する．読者としては，主に事業の改革や新規事業の企画，顧客体験（カスタマーエクスペリエンス），業務プロセスや組織マネジメントなどに携わる人々を想定している．いわゆるサービス業に限らず，製造業も含めて様々な業種の事業に従事する人々が本書の対象となる．むしろ，それらの業種や既存の事業カテゴリーをいったん忘れて，価値共創の視点から新たに事業を捉え直すところにサービスデザインのねらいや強みがある．

　一方，企業のデザイン部門やデザイン会社で活躍するデザイナーにとっても，変革が求められる事業や組織に向けてデザインの能力を用いるために，またデザイナーがそのような変革を導くより積極的な役割を担うために，本書の内容が参考になればと願っている．

　その他，サービスデザインはビジネスだけでなく，公共サービスや政策プロセスの改革といった領域においても導入が始まっている．日本において行政サービスや公共サービスの計画や実行を担う人々や，その将来のあり方に関心を持つ人々にとっても，本書は刺激的な議論のトピックを提供している．

本書は 4 つのパートで構成されているが，特にサービスやデザインという，多くの人が慣れ親しんだ言葉の意味をあらためて問い直すことで，それらが今日の時代に果たす新たな意義を確認し，それを踏まえてサービスデザインの理解を促すように工夫している．

　PART1 では，まずサービスについて，その言葉の日常的用法や起源について触れ，経済やビジネスにおけるサービスの意味が，近年のマーケティング論をきっかけに大きく変わりつつあることを理解し，さらにそのような新たなサービスの考え方がビジネスにもたらす効果について見る．

　PART2 は，PART1 で理解したサービスの考え方を実践する手立てとして，デザインの方法に注目する．職能としてのデザインの誕生とその対象の広がり，またデザインを問題解決や意味形成のプロセスとして捉えた場合の特徴を学んだうえで，デザインの方法に企業や社会から期待が寄せられる現状を読み解く．そして，今日の複雑で変動の激しいビジネスの環境において，エキスパートと非エキスパートがともに協力してデザインを進めていく意義や可能性を示す．

　PART3 では，いよいよサービスデザインの魅力に迫る．1980 年代の起源とその後の手法の確立，ビジネスでの認知の高まり，そして近年の対象範囲の広がりや組織への深い関与といった歴史的変遷を背景として，今日のサービスデザインの特徴をつかむ．そして，そのプロセスやテクニックの解説とともに，代表的なサービスデザインのケーススタディを通じて，読者をサービスデザインの実践へと誘う．

　最後の PART4 は，ビジネスや社会におけるサービスデザインのフロンティアに目を向ける．特に，事業の開発やイノベーション，

新しいサービスの導入に伴う従業員の働き方や組織の変革，組織や企業の壁を越えるパートナーシップの形成といった課題に，サービスデザインがどう貢献できるのかといったテーマをとりあげる．また先行するヨーロッパでの政策プロセスや公共サービスの改革へのサービスデザインの導入状況を踏まえて，日本の公共部門への応用の可能性について展望する．

目次

「サービス」とはなにか？

「デザイン」とはなにか？

「サービスデザイン」とはなにか？

第 7 章　サービスデザインのケーススタディ

「サービスデザイン」のこれから

第 10 章　公共のサービスデザイン

コラム

サービスデザインの教科書

「サービス」とはなにか？

サービスの新しい捉え方

PART 1 では，サービスの意味の変遷とビジネスとの関わりについて
理解する．まず第 1 章では，日常的に目にするサービスという言葉
の使われ方に注目し，次にその言葉のルーツを辿る．さらに経済や
ビジネスにおけるサービスの従来の考え方と，その新たな考え方の
違いに触れ，今日的な意義を明らかにする．

1 日常におけるサービスとそのルーツ

　人は毎日様々なサービスを利用して生活している．しかし，サー
ビスの意味とは何であり，またサービスは，そもそも何のためにあ
るのか．そのように聞かれると，答えるのが少々難しくなる．そこ
で，まずは日常生活のなかで，どのようなときに「サービス」とい
う言葉が使われているか思い浮かべてみよう．

　例えば，定食屋のメニューや壁の張り紙に，「ご飯のおかわりは
サービスです」などと書かれているのを目にすることがある．また，
ラーメン屋に行って，ラーメンを注文したら「サービスライス」が
無料でもらえたことや，「ランチタイムに限り麺の大盛りサービス」
の特典が得られたことが思い出されるかもしれない．どうやら，こ
れらの飲食店では，サービスという言葉を，何かを「無料で客に提

供する」という意味で使っているようだ．ただし，無料といっても，これらの特典は，ある商品の購入を前提に，初めて得られるものなので，店舗にとっては，売り上げの向上を期待した販売促進の手段となっていることがわかる．また，飲食店以外にも，スーパーマーケットなどのチラシに「出血大サービス」という文字が大きく書かれているのを見かけることがある．これは，「赤字覚悟で商品を大幅に値引きして販売しますよ」という意味で，集客を期待してよく使われる表現である．これらの例からわかるように，日本の商売の世界では，無料の特典や値引きをサービスと呼ぶ習慣が一般的になっている．実は，このようなサービスという言葉の使い方は日本特有のもので，海外ではそのような用法は見られない．

次に，日常会話のなかで，「あの施設のサービスはなってない」「心のこもったサービスが受けられた」「あのレストランは食事も美味しいし，サービスも素晴らしい」といった表現もよく使われる．これらの例では，店舗や施設での従業員の接客態度や振る舞いの良し悪しが論点にされている．最近は，様々な飲食店や宿泊施設を紹介するインターネットのウェブサイトに，利用者の感想が口コミとして書き込まれているが，そのなかには，項目ごとに点数で評価をつけているものもある．例えば，ある飲食店の情報サイトには，評価項目のなかに，料理・味という項目と並んでサービスという項目が入っている．ここでいうサービスも，店員による接客やその態度のことを指している．注文を聞き違える，料理を出すのが遅い，会話のときの愛想が悪い，皿を片付けるのが早すぎる，遅すぎるなどといったことがあると，その飲食店のサービスの点数は低くなり，その反対に，店員が客に笑顔で丁寧に話しかけ，客のイレギュラーな注文に適切に対応することなどがあると，ぐっと点数が上がる．

無料の特典や大幅な値引きとしてのサービス，接客態度としてのサービスの良し悪しと並んで，もう一つよく使われる表現に，アフターサービスという言葉（英語では, after-sales service）がある．これは，客が購入した商品に対して，その商品を製造または販売した業者，あるいはその代理店が，一定の保証期間に渡って修理やメンテナンス，相談対応などを行うことを表している．アフターサービスが手厚く用意されていると，その商品を買う動機が後押しされるが，売り手にとっては，それが商品を販売しやすくする，あるいは，いったん商品を販売した客との関係を長く維持しやすくするといった効果が見込まれる．アフターサービスは無償で提供される場合と，有償で個別に契約をして提供される場合がある．またアフターサポートやカスタマーサポートなどと呼ばれることもあるようだ．

　もう一つ，商売の世界からは離れるが，テニスやバレーボール，卓球などのスポーツで，「サーブ」や「サービス」という言葉が使われる．この場合のサービスは，ゲームを開始するときに，攻撃側の選手が，ボールを相手側のコートに打ち込む行為を表している．また，この最初の一打を，相手の選手がまったく触れることができず，返球できなかった場合は「サービス・エース」と呼ばれ，攻撃側の選手に得点が与えられる．これらの球技で相手に勝つためには，サーブの腕を磨くことや，サーブを打ち返す技術を身につけることがとても大切になる．

　以上，日常生活で頻繁に目にするサービスという言葉の代表的な使われ方について，いくつか例を挙げたが，定食屋からテニスまで，同じサービスという言葉が使われていながら，それぞれにかなり異なる内容を表していることがわかった．そもそもサービスは英語の service のカタカナ表記で，外来語であることは明らかだが，こ

の単語の語源について確認してみると，ラテン語で奴隷を意味する servus という言葉（英語の slave の語源）にたどり着く．同じ語源を共有する他の単語には，servant（召使い，使用人）がある．そう聞くと，どのようにして奴隷が，サービスライス，接客，修理や保守，テニスのサービスとつながったのかという疑問が湧いてくる．実は，その答えは，今日も使われている様々なサービスという言葉の意味にも確認できる，主従関係と奉仕（あるいは尽力）という性質にある．つまり，もともと奴隷は，その主人に労働を強制されていた．後にそれが召使いや使用人という身分の低い仕事に受け継がれ，強制的な服従関係ではないものの，一定の主従関係のもとに，役務を通じて主人に奉仕するという関係性に変化する．さらに時を経て，サービスは，対価を得て客のために尽力する接客や各種の業務へと展開していった．そのようなサービスのルーツから考えてみれば，サービスライスや，出血サービスといった日本特有の表現は，お客様（ときには神様とも呼ばれる）への奉仕のニュアンスが含まれているので，あながち間違った使い方とはいえない．また，テニスでサーブやサービスという言葉が使われている背景を調べてみると，その球技の発祥当時，コートの外にいる召使いが投げ入れたボールを打つことからゲームが始められた習慣があったことがわかり，これも同じルーツにつながっている．

2 経済とビジネスにおけるサービス

（1）経済学におけるサービス

　日常的なサービスという言葉の用法と，その語源とのつながりが確認できたところで，少し視野を広げて，経済やビジネスにおけるサービスの位置づけや役割について見てみよう．

　経済学では，人間の欲求を満たし，効用をもたらすものを財と呼ぶ．財には，有形のものと無形（売買の後に買い手にモノが残らない）のものがあり，特にその違いを区別して後者はサービスと呼ばれている．このような区分は，ビジネスで一般的に用いられる，製品とサービスという言葉の使い方にも対応している．経済学にとっての関心は，市場で取引された金額なので，サービスも取引の対象として見ると，製品と同じように財として扱われることになる．日本であれば，各住戸や施設への電気やガス，水道の供給といったものから，レストランでの飲食やホテルでの宿泊，学校で受ける教育や病院で受ける医療などは，人々がお金を支払って利用する代表的な財である．また一国の経済統計を見ると，産業分類の仕方は国によって違いがあるが，いずれの国でも，そこに有形の財と無形のサービスの区分が反映されている．大まかな産業区分としては，自然からの抽出によって産物を生みだす第一次産業，加工や製造によって産物を生みだす第二次産業，それ以外の無形のものを生みだす第三次産業という分類が，一般的に知られている．サービス産業といった場合，広義には，この第三次産業に相当すると考えてよい[1]．

産業革命以降の工業化によって，大量の製品が効率的に生産できるようになり，また，それと連動した輸送手段の発展によって製品の取引が拡大し，世界の経済は製品の生産と流通を通して成長していくこととなった．日本の経済も，多くの良質な製品を生産し，海外に輸出して成長するという戦略がとりつづけられてきたことは周知の通りである．生産の拡大が経済を牽引する一方で，個人の消費においても，生活上の不足が製品の購入を通じて充足されるようになる．必需品から奢侈品まで，次々と世に出される製品によって生活が満たされることが，暮らしの豊かさを表すようになった．一方，サービスは生活の質の向上に寄与するものの，製品と比べた場合，生産の規模の拡大や効率化，取引できる範囲の広がりも限定的である．そのため，第二次世界大戦後しばらくは，ビジネスにおいても，個人の生活においても，サービスへの関心は低い位置づけとなっていた．サービスという概念を初めて日本に持ち込んだ，自動車のアフターサービスの取り組みも，あくまで車の販売が前提で，修理やメンテナンスといった付加価値を上乗せすることで，より売れるようになるという考えを反映するものであった[2]．

　ところが，第二次世界大戦後，経済の発展が進むにつれ，先進国を中心に，一国の経済（生産額や就業者数など）における第一次産業のシェアを第二次産業が超え，さらに第二次産業のシェアを第三次産業が超えて拡大するという現象が現れてくる．この傾向は，ペティ＝クラークの法則として知られているが，そのような変化が起こる主な理由としては，産業区分ごとの生産性の違いや，製品の飽和といったことが指摘されている[3]．さらには情報化の進展，先進国における高い人件費，業務のアウトソーシングの拡大，政府の経済政策など，様々な要因の影響が考えられる．いずれにせよ，先進諸国

においてサービス産業のウェイトが高まり，その競争力が経済成長の鍵を握るようになっていることは明らかである．さらに近年，ITを利用した新たなオンラインサービスが次々と登場し，既存のサービス事業にとって替わるといった破壊的イノベーションも次々と起こっており，サービスへの期待はますます大きくなってきている．

（2）マーケティングにおけるサービス

マーケティングの研究においても，まずは製品のマーケティングを中心に体系や手法が整えられてきたが，1950 年代以降になって，新たにサービスに焦点を当てたマーケティング論を打ち立てようとする動きが現れる．そこでは，サービスがいかに製品と異なっているかの理解に焦点が当てられ，その差異からサービスの特性を反映したマーケティングの方法が開発されていった．製品とサービスを区分する性質として知られるのが，①無形性（Intangibility），②非均一性（Heterogeneity），③不可分性（Inseparability），④消滅性（Perishability）の 4 つで，それぞれの英単語の頭文字をとって，IHIP と呼ばれている．

①無形性は，経済における財の区分でも触れたが，サービスは形あるモノとして存在しないため，製品のように，購入前にその品質を確認できないことを意味している．②非均一性は，例えば，同じ授業であっても，担当教師が異なれば，その授業の質が大きく異なる場合があるように，サービスの品質が製品のようには均一化できないことを表している．③不可分性は，タクシーのサービスが，客の的確な指示と運転手の技能が組み合わさって成立するように，

サービスの生産と消費は，製品のようには明確に分離できないことを指摘している．④消滅性は，ライブコンサートを考えればわかるように，サービスは製品のように在庫を保管しておくことができず，提供（演奏）が終われば消滅してしまうという性質を示している．

　このように，製品が備えている（重要な）性質で，サービスには欠けているものに注目すると，サービスの特徴を上手くつかめるように思える．しかし，必ずしもすべてのサービスにこれらの「欠如」がはっきりと認められるわけではない．例えば，サービスが無形といっても，そのサービスで使われる手段や道具は実体を持っており，さらにサービスの利用場面や，サービスの利用前後の状態の変化を視覚的に示せる場合もある．また，不均一性についても，マニュアル化や自動化による対応が可能であり，不可分性や消滅性については，授業のビデオ映像を記録しておいて，好きな時間に，都合の良い場所で視聴できるようにするといった方法を含めれば，事情が変わってくる．

　図 1-1 は，サービスのマーケティングや経営の研究者であり，実務家でもあった G・リン・ショスタックが 1977 年に発表した論文に掲載されたもので，有形財から無形財への連続的な変化を表している[4]．この図が示すように，市場で提供されるあらゆる財には，なんらかの意味で有形要素と無形要素が含まれている．したがって，製品とサービスの違いはその比率の違いを表しているに過ぎず，そこに本質的な差はないという見方も成り立つ．

　また，近年の技術革新の観点から考えても，そのような区分にこだわる意義が急速に失われつつある．例えば，Nike はジョギングシューズにセンサーを組み込んで，走行時の速度や消費カロリーの測定と記録を行い，さらにそのデータをネット上のクラウドに送る

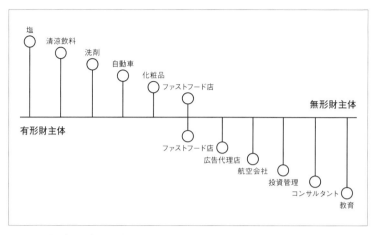

図 1-1　財の有形・無形の連続性（Shostack, 1977, p.77 にもとづいて作成）

ことで，ジョギングコーチからのアドバイスやサポートを受けられ
るサービスを提供している．このように，有形の製品をインターネッ
トに接続して，無形のサービスと統合していく仕組みは IoT（Internet
of Things モノのインターネット）と呼ばれている．

　ジョギングシューズのほかにも，日本の建設機器メーカーのコマ
ツは，自社の建設機器にセンサーや通信機器を組み込むことで機器
の稼働状況や部品の状態を 24 時間監視し，タイムリーな部品の交
換も含めて，建設機器のより効率的で確実な運用を保証するサー
ビスを提供している．また航空機エンジンの製造を手がけるロールス・
ロイスや GE は，製造したエンジンに組み込まれたセンサーから取
得される情報を活用し，そのエンジンを搭載した航空機の飛行時間
に応じて，エンジンの利用料とメンテナンス料を組み合わせて航空
会社から徴収する事業を行っている．

　このように，製品の IoT 化は，製品とサービスの統合を加速させ

るだけでなく，製品の購入や所有すら不要なものとしつつある．つまり，遠隔からプロバイダーが製品の状態を常に知ることができ，それに適切に働きかけられるのであれば，その製品を売るよりも，その効果的な使用へのアクセスをサービスとして売って事業を行う方が，ユーザーとプロバイダーにとってより大きなメリットがもたらされるのである．

3 サービスを捉える新たな発想

　製品とサービスの違いに注目する経済やマーケティングの考え方を見ていくと，そもそも，まず製品ありきで，その生産や販売の世界観のなかでサービスを取り扱おうとする発想に問題があるのではないか，という疑問が浮かんでくる．事実，2000 年以降になって，そのような問題意識から，製品を前提にしないで，サービス自体の本質的な特性からマーケティングやビジネスのあり方を問い直そうとする動きが広がる．その中心にあるのが，2 人のマーケティング論の研究者スティーブン・バーゴとロバート・ラッシュが提唱する，サービス・ドミナント・ロジック（以下，S-D ロジック）の考え方である[5]．

S-Dロジックは，製品やサービスの生産や販売の根底にある，モノ＝有形の財（製品）中心のマーケティングの発想をグッズ・ドミナント・ロジック（以下G-Dロジック）と呼び，徹底してそれに異を唱える．G-DロジックとS-Dロジックの違いを理解するためには，それぞれの価値の捉え方の特徴に注目する必要がある．

(1) 価値提供の世界観 —— G-Dロジック

まずG-Dロジックの前提にあるのは，「企業が価値を生み，それを消費者に与える(販売する)」というモデルである．そのモデルは，「企業の生産活動によって，消費者のニーズに応える財（製品やサービス）が生みだされ，売買を通じて，その価値が消費者の手に渡る．そして，消費者はその財を使用して自らのニーズを満たすと同時に，その財の価値は減少（または消滅）する」と，より丁寧に言い表すこともできる．生産と消費という概念に親しんでいる多くの人々にとって，このような考え方に特に問題は感じられないだろう．ここで，生産者によって生みだされ，消費者によって減少（消滅）させられてしまう価値とは，財と貨幣が交換される時点で決定される価値（value in exchange)のことであり，価格によって測れるものである．したがって，G-Dロジックは，「市場で売れるもの＝消費者がお金を支払って買いたいと思うものをつくって売り，それを消費者が使い切ったら，また売る」という一般的なビジネスの発想とも一致する．

またG-Dロジックでは，サービスも，製品と同様に企業が生みだし，市場価値を持つ取引の対象（売り物）として扱われる．ただし，先に述べたように，それは企業が生みだした価値を運ぶ財として，

いくつかの点で製品の持つ好ましい特性が欠如したものとして特徴づけられる．しかし，そのような製品とサービスの区別にかかわらず，G-D ロジックの発想の仕方には大きな問題がある（次章で詳しく見る）．何よりも，売り物自体に価値があると考えることで，事業の改善や開発のための検討が，その売り物のカテゴリーの範囲に自ずと限定されてしまう．そして，その売り物を消費者に渡して対価を得ること（販売）に事業のゴールが設定されるため，それが実際にどのように消費者に使われているかに関心が向かなくなってしまうのだ．

(2) 価値共創の世界観 ── S-D ロジック

　G-D ロジックの考え方に対して，S-D ロジックは，財の生産や販売ではなく，消費者（ユーザー）が財を使用することによって生みだされる価値の方に焦点を当てる．ここで，財の使用によって生みだされる価値とは，ユーザーが財を使用することで知覚，認知，判断される主観的な便益（好ましい体験）を意味する．カフェを例にすると，それはコーヒー 1 杯がいくらで売られているかではなく，カフェを訪れた客がコーヒーを飲んだときに感じる味わいやくつろぎ，お洒落なカフェでコーヒーを飲んでいる自分の好ましいイメージの実感といった価値を指している．そのような使用価値（value in use）は，消費者による財の使用（カフェでコーヒーを飲むという行為）を通じて生まれ，確定するものなので，当然ながら使用の前には存在しない．しかも使用価値は，生産者はもとより，他人が客観的に観察できない．その意味で，使用価値を生みだし，評価するのは，常にユーザー

である消費者の側であり，生産者のできることは，あくまでそのような（潜在的な）使用価値を提案し，財の提供を通じて使用価値の実現に貢献することにとどまる．しかし，その消費者も，その財なくしては使用価値を生みだすことはできず，生産者の力を借りていることになる．つまり，消費者による財の使用価値は，その生産者と共に創りだされているといえる．

　「使用価値」や「使用価値の共創」といった視点からの事業の発想を促すために，S-D ロジックは，サービスという言葉の意味を，「個人や組織が，その能力（知識や技能）を他の個人や組織の（または自らの）便益（つまり使用価値の創造）のために用いること」と定義する．つまり，サービスを G-D ロジックのように価値をともなった無形の財として扱うのでなく，価値共創のための能力の適用として捉え直そうとするのである．一方，製品については，そのような意味でのサービスを実行するための媒介手段としての位置づけが与えられる．このことは，単に，レストランのサービスの一部としてメニュー表が客に渡されるとか，床屋の理容師がハサミを使って理髪を行うといった場合のように，様々なサービスに物理的な道具が用いられることを表すだけではない．実は，自動車やコーヒーメーカーといった製品を消費者に販売して使ってもらう活動も，それらの製品に作り手の知識や技能が組み込まれ，製品の使用時に，それが活かされて使用価値が生まれるという意味で，「間接的なサービス」とみなせる．つまり，S-D ロジックの考え方に立つと，製品の販売も，接客も，インターネットを通じた情報の伝達も，そのユーザーによる価値創造を助ける営みはすべてサービスであり，したがって，あらゆる経済はサービス経済であると主張できる．

4 「関係」としてのサービス

　S-D ロジックにおける「自分の能力を他者との価値共創に適用すること」というサービスの意味と，「主従関係や奉仕，尽力」というサービスの日常的な用法に込められた意味を比べると，両者は大きく異なっているように感じる．ただし，日常的なサービスの意味については，主人の便益のために従者が自らの持てる能力を（一所懸命相手に尽くすように）用いることだと理解すれば，S-D ロジックのサービス定義は，日常的な用法から主従という関係を捨象したものとみなせる．そう考えれば，工業化が進むなかで，企業や国家によって無形の財として扱われつづけてきたサービスが，S-D ロジックによって，ふたたび「人の力になること」の意味合いを回復したといえるだろう．

　しかし，S-D ロジックは，なぜ能力の適用や，使用価値を強調して，事業を捉え直すことを促すのか．それは，生産物や提供物を起点とするのでなく，プロバイダーによる知識や技能の適用とユーザーによる使用価値の創造をつなぐサービスを起点とすることによって，初めて今日のビジネスに求められる有効な戦略を打ちだせるようになるためである．そして，使用価値がどのように生みだされるかを理解することに，その鍵がある．

　S-D ロジックが使用価値に注目するとき，実はプロバイダーとユーザーのやり取りだけを考えているわけではない．例えば，レストランを利用する際，誰もが美味しい食事を食べて良い気分になりたいと願う．では，その願いは，実際誰によって，また何によって

叶えられるのか．まず，レストランから，料理や飲み物，食器，カトラリーをはじめ，インテリアや接客などが，組み合わせやタイミングを考慮して提供される．そして，客側も適切な料理の注文をするために，食材や調理法に関する自らの知識を活かし，料理について店員と上手にコミュニケーションをとる．さらに，食事が期待外れにならないようにするために，そのレストランを訪れる前にインターネットの口コミ情報サイトで，過去にその店を訪れた人が書いた評価記事に目を通しておくかもしれない．そして，何よりもレストランでの食事を楽しむには，食事を共にする家族や友人，恋人といった同伴者の存在も大きい．さらに，レストランに訪れている多くの客が生みだす店の雰囲気や賑わい，店内に流れる BGM，窓から見える美しい景色などによっても，食事の気分や楽しさが大きく影響を受けるだろう．

このように，あるサービスを利用してユーザーが満足できる結果が得られるかどうかは，サービスのプロバイダーとユーザーに加え，他者の存在や多様な環境の要因に依存する．つまり，サービスの使用価値は，様々な人や組織，道具や環境によって共創されているといってよい．S-D ロジックでは，提供される財が，そのユーザーの使用価値と結びつく文脈に視野を広げ，「その文脈のなかで，その財を含めほかにどのようなリソースが用いられ，それらが誰によって，どのように統合されているか」という点に注目する．ここでいうリソースには，天然資源や土地，設備や道具のように，効果を発揮するためになんらかの働きかけを必要とするもの（オペランドリソース）もあれば，人間の知識や技能，あるいは技術といったように，他のリソースに働きかけてその効果を引きだすもの（オペラントリソース）もある．いずれの場合も，単独でリソースとしての性質を持っ

ているわけではない点に注意が必要だ.

　レストランの例で考えれば,料理と一緒にワインを勧められても,お酒が飲めない場合や,ワインの知識や,味の違いがわかる味覚を持ち合わせていなければ,料理を楽しむためのリソースにはなりえない.同様に,その日に最高の食材が入ったとしても,調理人にその食材の品質を引きだす調理法の知識や技能がなければ,やはりその食材はリソースにはならない.これらの逆もまた然りで,知識やセンス,技能を持っていても,それを活かすためのモノがなければ,それらの強みを発揮できない.つまり,リソースとは,それを活用する目的や他のリソースの存在を前提として,初めてその特性が発揮される関係的な性質であることがわかる.このことを踏まえると,サービスとは,「多様な人や組織が持つリソースとしての性質を組み合わせて価値を共創すること」と言い換えられるだろう.

G-D ロジックと S-D ロジック

　以下の表は，G-D ロジックと S-D ロジックの考え方の違いを項目ごとに比較している．表のなかに登場する用語の多くは，本文中で説明されているが，それ以外については補足が必要である．

　「文脈価値」という表現は，モノなどの使用を通じて生まれる価値が，その使用の文脈，すなわちその使用目的や，そのモノと組み合わせて用いられる他の様々なリソースの存在に依存して決まる性質を表す場合に用いられる．

　また，S-D ロジックは，収益を事業の最終目的とせず，継続する価値共創の活動システムとして，他の個人や組織とのサービスの交換を通じて，その環境への適合度や生存可能性を高めていくことを目的と捉えている．

	G-D ロジック	S-D ロジック
価値の原動力	交換価値	使用価値，文脈価値
価値創造の主体	企業（多くの場合，サプライチェーンの他の企業からの投入を伴う）	企業，ネットワークのパートナー，顧客
価値創造のプロセス	企業が「モノ」や「サービス」に，その属性の強化や向上によって価値を組み込む	企業が市場への提供物を通じて価値を提案し，顧客がその使用を通じて価値創造プロセスを受け継ぐ
価値の目的	企業の富を増やす	他者のサービス（知識や技能の適用）を通じて，システムの適合度，生存可能性，保全性を高める
価値の尺度	名目的な価値の大きさ，交換によって得られる価格	受益側のシステムの適合度や存続性
活用されるリソース	主にオペランドリソース	主にオペラントリソースで，ときにオペランドリソースとなるモノに組み込まれて送り届けられる
企業の役割	価値を生産し，分配する	価値を提案，共創し，サービスを提供する
モノ（財）の役割	産出の単位，価値が組み込まれたオペランドリソース	オペラントリソースの運搬手段であり，企業コンピタンスのもたらす便益へのアクセスを可能とする
顧客の役割	企業によって生みだされた価値を使い切り，破壊する	企業から提供されたリソースと他の私的，公的リソースを統合して価値を共創する

図 1-2　G-D ロジックと S-D ロジック（Vargo et. al. 2008 にもとづいて作成）

5　サービスの交換で社会はまわる

　自分の能力の適用としてサービスを理解すると，サービスが，なぜこれほどまでに世の中に広がっているのか，またサービスの発展や広がりは，経済や社会にとってどのような意味があるのか，という問いへの答えも見えてくる．

　まず，サービスを受ける側の動機を理解するのは容易い．生活や仕事において，自分がやりたいことのほとんどが，なんらかの意味で他者の助けを借りて初めて達成可能である．さらに，S-Dロジックの唱えるように，人からの直接的な手助けだけでなく，様々な製品や道具もサービスを行う手段と考えれば，人はサービスなくしては生きられないことがわかる．

　では，他者にサービスを行う側の動機はどうか．まず思い浮かぶのは，企業のサービスのように，その対価をお金で得るというものだ．自らの能力を他者のために用いることへの報酬を貨幣で受け取ることで，サービスは経済活動として成り立つ．公共サービスの場合でも，国民から税金を集めるという形で取引が行われていると考えられる．しかし，自らのサービスと引き換えに貨幣を受け取ることが，なぜサービスを行う動機になるかといえば，それを受け取った側が，今度は自らのやりたいことのために，その貨幣と引き換えに，他者からのサービスを受けられるからである．つまり，世の中の様々なサービスは，貨幣を介して，他の様々なサービスと交換されていると考えられる．

　このような説明は，物々交換が貨幣の流通によって発展し，無形

財としてのサービスの交換にまで広がったという認識を示すように聞こえるかもしれない．しかし，S-D ロジックでは，お米を育てる知識や技能を持つ農家と，魚を獲る知識や技能を持つ漁師によって交換されるのは，米と魚というモノではなく，炭水化物の栄養摂取の手助けと，たんぱく質の栄養摂取の手助けというサービスと捉える．製品や貨幣を媒介させることで，そのようなサービスの交換の機会や，その交換を行う者の組み合わせは一挙に広がるわけだが，その結果として，様々な個人や組織の間の（能力の適用による）価値の共創が上手く連鎖し，循環するようになる．

　もちろん，モノやお金がすべてのサービス交換を媒介しているわけではないことは，家族や友人どうしの支え合いや，ボランティアの清掃活動，ソーシャルメディアで他人の発言にコメントを書き込む行為などを思い浮かべればすぐわかる．考えてみれば，人類は，はるか昔から家族や村落の共同体として助け合ってきた．その意味では，貨幣を手段とした市場経済のシステムが発展する以前から，そして，サービスの語源である，奴隷を意味する servus という言葉ができる前から，上記の意味でのサービスの交換が行われていたといってよい．

　またそのような長い歴史のスパンで見ると，サービスを交換し合うという人々の行為や習慣が，集団生活の維持，ひいては人類という種の保存に有利に働いてきたと考えうるだろう．さらに最近の脳科学の研究で明らかにされているように，他者と協力することが快の情動とつながる脳の働きを活性化することで，サービスを生理学的に支えてきたという説明もできるかもしれない[6]．いずれにせよ，サービス交換は，個人や集団の価値創造や経済活動という範囲を超えて，人間社会を支える基本的な原理ないし基盤として機能しつづ

けている．変化しているのは，そのような社会を支えるサービス交換の形態である．近年生みだされている既存の業種や市場カテゴリーを横断する新たなビジネスモデルも，住民や企業の力を取り入れた公共サービスの改革も，価値共創のためのサービス交換の新たな形態を探る試みと捉えることで，その本質を理解しやすくなる．

　奴隷制に起源を持つ奉仕としてのサービスの意味合いは，様々な歴史的な変遷を経ながら，今日の日常的な表現のなかにも着実に引き継がれている．その一方で，経済やマーケティングの世界においては，それは無形の財，すなわち有形の製品とは性質の異なる（劣る）取引の対象として特徴づけられてきた．しかし，現在，自らの知識や技能を他者のために用いることとしてサービスを捉える S-D ロジックの考え方が，かつての認識を大きく変えようとしている．そのような新たなサービスの理解は，これからのビジネスや社会にとって，どのような意義をもたらすことになるのか．次章で見ていくことにする．

価値共創としてのサービス

第2章では，第1章で導入した「価値共創」というサービスの新しい考え方を踏まえることで，実際のビジネスに，どのように有意義な示唆が得られるかを明らかにしていく．特に，提供物を超えて顧客の達成したいことに焦点を当て，また顧客の関与を積極的に受け入れることによって得られるメリットを示す．

1　価値共創のビジネスとは？

(1)「価値提供」から「価値共創」へ

　G-DロジックとS-Dロジックの考え方の違いは，平たくいえば，価値を生んで顧客に与える「価値提供」の発想と，価値を顧客と一緒に生みだす「価値共創」の発想の違いと理解できる．

　もし，自ら価値を生んで，人にそれを与えて対価を得る発想でビジネスを行うのであれば，価値ある，つまり人がお金を払って欲しがるもの（有形あるいは無形の財）をつくって売ればよい．そのためには，顧客に「何が欲しいの？」と尋ねて，それを生みだすか，「これが欲しいでしょ？」と，自ら勧めるか，いずれかが行われることになる．ところが，価値を共に生みだす発想のビジネスは，これと

は違う方法をとる．顧客が何を欲しいのかを考える前に,「そもそも,何がしたいのか」を探りだすか,あるいは「これができたら素敵だよね！」と提案する．なぜなら,顧客が欲しいモノでなく,達成したいことからビジネスを考えることで,顧客と一緒にそのやりたいことを達成する,共創の機会が見つけられるようになるからだ.

　これらの二つのビジネスのアプローチの違いについて,食料品スーパーマーケットを例にしてさらに考えてみよう．まず「価値提供」で発想するスーパーマーケットなら,顧客が買ってくれそうな食料品を揃えて店頭に並べることに集中することになるだろう．一方,「価値共創」で発想するスーパーマーケットは,例えば「健康な食生活を送る」ことを目標に掲げて,その達成のために顧客と協力して何ができるかを考えることになる．スーパーマーケットとしてできることの選択肢としては,健康的な食料品の選定から,栄養バランスのとれたレシピの提案,さらに年齢や生活習慣,健康状態に応じた食材セットのデリバリー,管理栄養士と連携した食生活相談などが考えられるだろう．ただし,その目標の達成には,なんといっても,顧客自身が自分の食生活に関心を持ち,必要な知識を身につけて,スーパーマーケットの力も借りつつ,健康的な食生活を保つように努力することが不可欠となる.

　このように,「価値共創」のビジネスでは,ある共通の目標の達成のために,サービスのプロバイダーとユーザー双方からの強い関与が引きだされることになる．それと同時に,「価値提供」のビジネスと比べて,サービスを行う主体（プロバイダー）と,それを利用する側（顧客,ユーザー）の関係性にも大きな違いが生じる．「価値提供」のビジネスにとっては,顧客はモノを売る対象（ターゲット）であり,できるだけ,買ってくれそうな顧客層（セグメント）に向けて,

買ってくれそうなモノ（商品）を届ける相手として捉えられている．そのため，広告や販売促進などの手法を駆使して，顧客が買いたくなるように仕向ける努力も惜しまない．表面上は「出血大サービス」，「ご奉仕価格」という表現で，顧客という「主人」に従い奉仕するヨーロッパ伝来のサービス精神を見せつつも，手法としては，できるだけ合理的にその「主人」の購買行動をコントロールしようとするのが，そのアプローチの実態である．これに対して，「価値共創」のビジネスでは，顧客は価値創造の担い手であり，また，その目標をともに達成するパートナーとみなされる．したがって，サービスの成功には，それを提供するプロバイダーの役割はもちろんのこと，そのユーザーである顧客の協力が必要なのである．

（2）価値共創ビジネスの 4 つの強み

　このような違いを知ると，「価値提供」の方が「価値共創」よりも簡単で，事業として対処しやすいのではないかと思われるかもしれない．確かに，「価値共創」のビジネスは，提供物を超えて，顧客の達成したいことや，主体性や個性を持つ顧客の関与を受け入れることで，ビジネスの複雑さや不確実さが一挙に高まるように見える．では，そのような厄介に感じられる「価値共創」のビジネスは，どのような点で有効といえるのだろうか．以下の 4 つの点にまとめられる．

① 成果志向
　有形・無形の違いを問わず，そもそも顧客は企業によって提供さ

れる何かが欲しいのではなく，その利用を通じて生みだされる価値や結果を求めている．つまり，提供される何かを役立せることで，自分のやりたいことを上手く達成すること（成果）に関心がある．であれば，企業の提供する支援がその成果の達成に近づくほど，顧客の期待や支払い意思が高まる．反対に，自信を持って企業から提供されたモノが，顧客のやりたいことの達成に役立たなければ，いずれ売れなくなるのは当然の成り行きである．また，単なる提供物として扱えるものはコピーされやすく，価格競争に追い込まれる危険性も高い．実際にそのような事態に陥っているビジネスも少なくない．

② 持続的な接点

　第1章で，ジョギングシューズとセンサーとオンラインのアプリを組み合わせた Nike のサービスについて触れた．このほかにも，Nike は同社のシューズの愛好家たちが一同に集まってジョギングを楽しむイベントの開催を行っている．このように，製品の購買後もその使用価値を高め，生みつづける様々な支援を行うことで，企業は顧客の価値創造の文脈やプロセスに深く関与し，その結果，双方の接点が増え，インタラクションが持続するようになる．

③ 多様な文脈への関与

　顧客の財の使用に積極的に介入していくと，当然ながら，様々な顧客による財の異なる使い方や使用の場面の違いを考慮することが必要となる．そのことは，企業により高い不確実性と多様性を相手にすることを要求するが，同時に，自社の提供物が使用される機会や範囲の広がりを生みだす可能性をもたらす．スマートフォンの提

供者がアプリの提供者と連携し，様々な場面で，多様な使用価値の創造に寄与できることからわかるように，多様な使用文脈への参入は，市場の拡大と協業機会を生みだすことにもなる．

④ 顧客の能力の活用

顧客のやりたいことの達成を一緒に目指す共創のプロセスでは，相応の関与を顧客の側から引きだすことが前提となる．つまり，そのプロセスにおいて，企業は客の持つ知識や経験，センスや技能を適切に引きだしていく必要がある．

例えば，不動産の仲介サービスでは，顧客の期待する住居や生活スタイルのイメージが把握できれば，それに見合う物件が紹介しやすくなるし，もしそれらが固まっていない場合は，そのイメージの形成を手助けするコミュニケーションが重要となる．また，ヘルスケアやスポーツ，教育や各種のトレーニング，あるいは芸術鑑賞などを思い浮かべればわかるように，顧客の学習や成長，習熟，経験の積み重ねといったことが価値に大きく関わるサービスの世界では，顧客の知識や技能を豊かに育んでいくことで，その体験的な価値や満足を高めることも期待できる．いずれの場合も，顧客の知識や技能そのものが，ビジネスにとって，極めて有効なリソースとなる．

2　顧客の関与を引きだすサービス

　価値共創のビジネスは様々な点で利点を持つが，これまで価値提供の発想でビジネスを続けてきた事業者にとっては，④顧客の能力の活用の利点は少々理解しづらいかもしれない．また顧客の関与を引きだす利点や課題は様々な観点から捉えられるため，いくつかの事業やサービスの例を挙げてより詳しく説明することにしよう．

(1) Apple の共創戦略

　事業において，顧客の関与を効果的に活かしているのが，Appleである．最近のデジタル機器の多くは，その使用上，ユーザー自身によるデータやソフトウェアのインストールが前提となっている．各人のスマートフォンの設定やインストールされたアプリ，保存されたデータを見ればわかるように，同じハードウェアの製品も，ユーザーによって様々なアレンジがなされている．特にモバイルやウェアラブルの製品は利用場面や用途が多様になるが，そのような多様な文脈と製品の使用を結びつけてどのような価値を生みだすかは，ユーザーにゆだねられる．Apple は，同社の製品の多様な使用価値が，ユーザーによって生みだされることの意義を理解し，販売店舗の作り方に反映させている．

　Apple の店舗では，製品の仕様や価格の情報提示は最小限に抑えられていて，実際のところ，かなり目立たない．その代わり，大

きなサイズのテーブルの上に製品がゆったりとした間隔で配置され，来店した客が，手にとってじっくりと触れることができる．通常の家電量販店に行くと，様々なブランドの製品が所狭しと並べられ，製品の機能や値段の情報で空間全体が埋め尽くされている．なぜ，Apple の店舗は，一般的な店舗と異なる独特の空間のしつらえになっているのか．

実は，Apple にとって，店舗の役割は，来店者に商品を自分の日常生活で使ったときのイメージを体験的に想像させることにある．つまり，Apple の店舗は，商品の性能や価格を訴求する場ではなく，顧客が製品の未来の使用価値を想像するリハーサル空間であり，積極的な価値共創の場となっている．製品の使用価値が生みだされるのは，本来その製品の販売後であるが，それを販売の前に実感できるようにしている点に大きな特徴がある．

そのような価値共創の場において，もう一つなくてはならない存在が店員である．ただし，Apple の店舗では，店員は企業の代弁者として，丸暗記した製品情報を一方的に客に伝えるようなことはしない．Apple 社や製品に詳しい熱烈なファンとして，カジュアルな T シャツに身を包み，一人の生活者として客にその魅力を語りかける．Apple 社という巨大な組織と一消費者による価値共創というと実感が湧きにくいが，このような等身大の人間どうしの心の通ったコミュニケーションを通じて，客の思い描く，Apple 製品に支えられた魅力的な生活像が，より現実味を帯びたものとなっている．

（2）IKEAの共同生産アプローチ

　もう一つ，家具の製造と販売で知られるIKEAのビジネスを例に
して，別の角度から，サービスにおける客の関与の意義について見
ておこう．IKEAの家具は，一般的な家具メーカーや販売店のビジ
ネスとは違って，最終的な組み立てはなされず，部品の状態で売ら
れている．IKEAの店舗で家具（の部品）を購入した客は，それを自
宅の部屋のなかで自ら組み立てて完成させる．このほか，家具の詳
細な情報が書かれたカタログを紙媒体で送付，あるいはオンライン
で提供し，顧客が来店する前に，自分で調べるように促している．

　このように，IKEAは，商品情報に関する説明や，肝心の商品を
完成させる最終的な工程を顧客に担わせることで，相応分のコスト
を削減し，良質でセンスの良い家具を手ごろな価格で顧客に提供し
ている．家具の購入者は，自分のライフスタイルに合ったインテリ
アを整えるために，自ら組み立てた家具を上手く役立てる．つまり，
IKEAの場合，プロバイダーとユーザーの共創は，完成した製品の
使用場面だけではなく，その組み立て＝生産の過程でも起こって
いることがわかる．S-Dロジックでは，このような財の生産過程へ
のユーザーの参加は，共同生産（co-production）と呼ばれている．

　先に述べたように，共同生産を取り入れたIKEAのサービスは，
業務のコストと製品の販売価格を抑えるという利点を持つが，実は，
生産における共創が，もう一つの重要な効果をもたらす．ハーバー
ド大学ビジネススクールのマイケル・ノートン教授らは，人がある
家具を完成品として提示された場合と，自分で組み立てた場合とで，
価値の評価にどのような違いが出るかを調べる実験を行った[1]．こ
の実験の参加者は，それぞれの家具に価格をつけて評価を行うのだ

が，多くの人が，自分で組み立てた家具の方に，組み立てられた家具よりも高い値付けをする結果となった．ノートン教授らは，このような，自らの労働が加わることによる，生産物の価値評価の上昇をIKEA効果と名付けた．その効果が生じる理由については，自らの労働による達成感や自己効力感，自己の投資に対する評価などの解釈が行われている．どのような解釈をするかには議論の余地があるが，共同生産の体験が消費者の心理にとってポジティブに作用する可能性が科学的にも示されたのである．

（3）患者の能動性を活かしたヘルスケア

Apple や IKEA のような，モノの生産や販売とは異なる医療サービスの世界でも，価値共創や共同生産におけるユーザーの積極的役割が注目されている．マコール - ケネディを始めとするオーストラリアのマーケティング研究者とスティーブン・バーゴによって，ヘルスケアサービスを利用する患者による価値共創の活動について研究が行われた[2]．

この研究では，オーストラリアの主要都市の民間医療機関で様々な段階の癌治療を受けている成人患者に対して，2年間をかけてインタビュー調査が実施され，その知見にもとづいて，患者による医療サービスの使用価値の共創と，それに対する患者自身の認識について分析が行われた．本研究の結果，まず患者による医療サービスの価値共創の活動には、次のような8つの種類があることが確認された．

① 協調行動

治癒のための約束の遵守など

② 情報の照合

スケジュールや情報の整理など

③ 補助的な療法の取り入れ

漢方薬の摂取やヨガ，瞑想，ダイエットの実践など

④ 共同学習

各種の情報源を用いた治療に関する積極的な情報検索と共有

⑤ 身体に望ましい新たな生活スタイルの受け入れ

生活習慣 の切り替えなど

⑥ 社会的関係の維持

ソーシャルメディアの活用など

⑦ 共同生産

治療プログラムの再設計や医療チームの再編への協力など

⑧ 共創に資する知的活動

前向きな気持ちの維持，他者への思いやりなど

　また，これらの 8 種類の共創的活動は，患者ごとに特徴的な，価値共創の実践スタイルの違いによって異なった現れ方をすることがわかった．そのような価値共創の実践スタイルは，以下の 5 つに分類される．

(a) チームマネジメント型の実践スタイル

患者自身が，家族や友人，医療の専門家，サポートスタッフからなる治療チームの編成に関与し，その連携効果が発揮されるように運営に参加する，その役割認識と行動を指す．これは，高い活動レベルとインタラクション頻度のスタイルで，上記の④を除いた7つの共創活動のすべてが確認される．

(b) 孤立的コントロール型の実践スタイル

高い活動レベルと低いインタラクション頻度が特徴で，一人でいることを好み，他者に問題や感情を共有せず，客観的に家族や治療者にとって望ましい行動をとることを特徴としている．価値共創の活動の④と⑤を除く6つが確認される．

(c) 提携型の実践スタイル

活動のレベル，インタラクションの頻度ともに中程度で，特に医師やその他の専門家に対して協調的に接する態度や，相互の連携的な役割の認識を示す．価値共創の活動の③，④，⑤以外の5つが確認される．

(d) プラグマティックな適応型の実践スタイル

高い活動レベルと低いインタラクション頻度が特徴で，患者が変化を受け入れ，上手く適合することを自分の役割と認識して振る舞う態度を示している．価値共創の活動の②，③，⑥を除く5つが確認される．

(e) 受動的従順型の実践スタイル

活動レベル，インタラクション頻度がともに低く，その名

の示す通り，医師のいうことには疑問を持たず，サービス提供者の求めることに受動的に従う意識と態度を表している．価値共創の活動のうち，①と②のみが見られる．

　マコール‐ケネディらは，患者による医療サービスの価値共創への認識や態度の違いを以上のように整理したうえで，さらに，人生の充実感，（恐怖や不安などの）ネガティブな感情のなさ，支援されている実感，身体的な不快感（痛みなど）のなさという4つの領域に関して評価される生活の質（Quality of Life）が，これらのスタイルの違いとどのように関連するのかを分析した．それによると，活動レベルとインタラクション頻度がともに中程度以上の，(a) チームマネジメント型の実践スタイルと (c) 提携型の実践スタイルの患者が，その他の実践タイプの患者と比べて，生活の質を評価する4つの領域すべてにおいて高い生活の質を得ていることが明らかとなった．
　医療サービスというと，患者が受動的な存在として扱われる傾向が強いが，この研究結果が示すように，実際には，サービスの受益者の積極的な関与がサービスのもたらす効果や質を向上させるうえで，非常に重要な役割を担うのである．

3 顧客満足からの脱却

(1) 顧客満足の落とし穴

さて，ここまで，ビジネスが従来の「価値提供」の発想を捨てて，「価値共創」へ向かう利点と，その利点を獲得するうえでの顧客の関与の意義について述べてきた．そこから見えてきたのは，「価値共創」を志向するということが，プロバイダーの活動の領域と，ユーザーの活動領域を，相互に交差させていくことでもあるということだ．そのことは，有形の製品と無形のサービスを区分する考え方ではなく，すべての事業を S-D ロジックの意味するサービスとして捉えることによる自然な帰結といえる．そして，このような「価値共創」の発想から事業を行うことは，多くの企業がこれまで進めてきた事業の取り組みの見直しを迫ることにもなる．

近年，様々なビジネスの領域で，マーケティング戦略の一環としてカスタマーエクスペリエンス（顧客体験）の向上が重視され，製品やサービスの利用に対する顧客満足度の評価と，それを高める各種の取り組みがなされている．そこでは，多くの場合，どれだけ顧客の期待に応えられているかが（その期待を上回ることも含めて），指標として設定される．そして，そのようにして測定された満足度を向上させるために，顧客のニーズや不満を探りだし，提供する製品や接客業務の見直しや改善といった対応がとられることになる．先にも述べたように，このような「価値提供」のアプローチでは，顧客の持っているリソース（知識，経験，能力など）の明確な位置づけがなさ

れず，それを積極的にサービスに活かす視点がほとんど考慮されて
いない．プロバイダーがユーザーの反応を見ながら一方的に対応を
とることは，顧客による価値創造や顧客との価値共創の機会を失う
ことを意味し，かえって満足度を低下させる可能性がある．

　また，顧客満足と同じように，顧客向けに「ソリューションを提
供する」という考え方にも同様の危険性がつきまとう．ここでいう
ソリューションとは，顧客の課題を製品や（無形の財としての）サー
ビスを組み合わせて解決するという意味であり，IT 業界を中心に
よくこの表現が用いられる．ソリューションといいながら，その実
態は，社内の各部門が特定の顧客のためにチームを組んで，各種の
提供物をいろいろと組み合わせて売るということだが，問題は，そ
の点ではなく，顧客の課題をプロバイダーが解決するという発想の
方にある．この場合も，顧客を他者にお金を払って課題を解決して
もらう受け身の存在として位置づけることで，顧客の能力をサービ
スの基本リソースとして活かしていく機会を排除してしまう結果に
なりかねない．

（2）主客一如の文化に学ぶ

　もちろん，顧客の満足も，顧客の課題の解決も重要なのだが，そ
れらを価値提供ではなく，価値共創の機会として捉えたうえで，具
体的な取り組みを進めていく必要がある．前述の Apple や IKEA の
事例，そして医療サービスの研究が，そのヒントを示しているが，
実は，日本人にとってより馴染みの深い，もてなしの文化や伝統か
らも示唆が得られる．

日本のもてなしの精神が最も洗練された形で引き継がれているのが，茶の湯だとされている．茶の湯は，茶室で茶会を催す亭主と，そこに招かれる客人との関係において成り立つ．亭主は，十得と呼ばれる礼服で身を装い，季節を感じさせるしつらいの空間に客を招き入れる．そして趣向を凝らして選んだ茶道具を用いて，無駄のない振る舞いによって，客前で茶を点ててお出しする．客は主人が茶を点てる様子を眺め，差しだされた茶を飲み，季節を感じさせる菓子を味わいながら，選ばれた茶碗の趣向を読み取り，礼を伝える．また，亭主に茶道具や飾られた生け花，軸について尋ねるなどして，亭主と客の間で知識の共有をはかる．亭主は招いた客のもてなしとして，その人となりや趣味を熟知していて，それを茶会で趣向を凝らして確認する．一方，招かれた客人も，また亭主の招きの趣旨や趣向を読み取って，その場を盛り立てる必要がある．このように，限られた時間と空間のなかで，主客が一体となり，茶を媒介にして生みだされる特別な人間関係をかけがえのないものとする．茶の湯の世界では，それを「一座建立」，「主客一如」といった言葉で呼んでいる．

　ヨーロッパにおいて主人と奴隷の関係として始まり，その後，主従関係を前提とした主人に対する奉仕，接客における尽力として受け継がれてきたのがサービスである．これは，主人が客人を招き入れ，主客一如によって成立する日本のもてなしの文化とは明らかに異なる背景を持つ．したがって，両者を単純に比較することはできないが，S-D ロジックの考えのように，自らの能力を相手のために用いる価値共創のプロセスとしてサービスを捉えるのであれば，茶の湯を，その意味でのサービスとして，またサービス交換のプロセスとして理解することもできるのではないだろうか．

そのような解釈から浮かび上がるのは，サービスによる価値共創の意義についての新しい理解である．茶の湯における価値共創は，亭主の客人に対するサービス（もてなしぶり）と，客人の亭主に対するサービス（客ぶり）が交換される．そのようなサービス交換は，趣向を凝らす側と，それを読み取って，その場を盛り立てる側との間に生みだされる，緊張感の高い，張り詰めた空気のなかで流れていく．そのような相互のサービス交換が，最終的に一期一会の出会いを特別なものにするという，亭主と客人，両者にとっての共通の目的を達成させることに寄与する．つまり，ここでは，主から客への，また客から主へのサービスが相互に交換されることを通じて，全体として，主客による主客のためのサービスが生みだされているといえる．そのような主客一如の世界観は，一方的な顧客満足を追求する企業に対して，現状とは異なる新たな発想を促している．

「闘争」としてのサービス

　組織論やサービス科学の研究者である山内裕は，その著『「闘争」としてのサービス』のなかで，緊張感の高い主客のインタラクションが，ビジネスの世界でも，様々なサービスに見られることに注目し，その特性を「闘争」という言葉で言い表した*．つまり，主人と客の相互のサービス交換の場面では，それぞれの力量を互いに見極め合うことになるのだが，その際，各自が自分の力量を（相手や周囲に対して）特別に見せたいという想いを持つことで，そこに力のぶつかり合いとしての「闘争」が生じるのだという．そして，そのような闘争関係こそが，主客がそれぞれの力量を高め合うダイナミズムを生みだし，サービスにおける共創関係を持続させていくことになると指摘する．

　また，山内は，そのような価値共創の意義を理解するため，サービスを一つのテクストと捉える可能性を示している．テクストとは，ある言語的表現をその作者から離れて読者が自律的に読む対象として捉えたもので，読者が読むことを通じてそれに様々な意味を生みだす（＝テクストを生産する）ことを重視した概念である．サービスにおいても，その提供者によってそこに込められた意図をユーザーが読み当てるのではなく，ユーザーがサービスの利用を通じて，自らの知識や経験をそこに「織り合わせる」ことによって，ユーザー自身のテクストが生産される，と考えることができる．つまり，サービスがユーザーの価値創造を支援するといったとき，その価値をユーザーによるテクストの生産として理解すると，そのテクスト生産やその過程からもたらされる喜びや充実を高めるために，プロバイダーがユーザーにどのような挑戦やリソースを与えられるのか，という視点が得られるのである．

　サービスを，このように緊張感をともなう闘争，あるいは相互のテクスト生産の過程として捉え，それを通じてプロバイダーとユーザーがそれぞれの力量や喜びを高めていくものと考えるとき，カスタマーエクスペリエンスや顧客の満足という言葉の認識のされ方や，それに対する取り組み方も，現在のものと大きく変わってくるのではないだろうか．

＊山内 裕（2015）『「闘争」としてのサービス』中央経済社

4　価値共創がもたらすイノベーション

　このように価値共創の発想からビジネスを考えていくことで，顧客の関与や満足だけでなく，サービスのイノベーションという点でも，重要な指針が得られる．最後に，この点についても簡単に触れておこう．

　第1章では，レストランを例にして，価値共創に活かされる様々なリソースが実体として存在するのではなく，他のリソースを前提として初めてリソースとして認識され，特性を発揮する関係的な性質であることを学んだ．その意味で，地球上のあらゆるモノは，すべて潜在的なリソースとみなすことができる．そして，それを価値創造に活かす他のリソースが利用できるようになり，さらにその利用の目的が設定されることで，その潜在的なリソースの性質が初めて顕在化すると考えられる．

　実は，研究や開発によって新しい知識や技術が生みだされると，潜在的なリソースが顕在的なリソースに転換され，それを活用したサービスの誕生が促進される．技術革新がもたらすサービスのイノベーションは，常に（知識や技術の応用による）潜在的なリソースの顕在化と，その利用や統合の方法の構築に関わっている．

　情報技術の応用によって，膨大な潜在的リソースの新たなリソースへの転換をもたらしているのが，近年のシェアサービスである．シェアサービスの具体例としては，自宅の部屋を他人の宿泊のために貸しだす仲介をする AirBnB が有名だが，不動産のシェア以外にも，自動車やキャンプ道具などの日用品，衣服やアクセサリーなど

の製品のシェアサービスもあり，またモノの運搬や自動車の運転，庭そうじの手伝いといった，個人の技能や労働力のシェアサービスもある．

　近年になって個人の所有物や能力を他の個人と共有するサービスが急速に拡がっている背景には，インターネットやスマートフォンの普及と，個人間で安心して受発注ならびに決済ができるプラットフォームの整備がある．かつてから，友人どうし，近所の知人の間でモノや労働力を貸し借りするといったことはなされてきた．しかし，インターネットの登場によって，それまで本人もしくは極めてローカルな範囲でしかリソースになりえなかった所有物や能力が，新たにインターネットでつながる莫大な数の他者にとってのリソースとして活かされる可能性が生みだされたのだ．そして，それらのリソースにアクセスする手続きが上手く制度化され，実際に個人から個人へのサービスとして適用される機会が一気に広がったのである．一方，これらのサービスを運営する企業から見れば，大手のホテルやタクシー会社と競合するようなサービスを，不動産，固定資産，従業員といったリソースをすべて多数の個人にアウトソーシングして，事業を成立させられるようになったと考えることもできる．

　しかし，シェアサービスがもたらす変革は，インターネットを利用した新しいビジネスモデルを生みだすことにとどまるものではない．これまでの市場経済では，個人が金銭を支払って利用するサービスの大半が，企業によって提供されるものであった．シェアサービスは，そのような企業によるサービスの提供や取引という形態とは別に，個人やクラウドによるサービスの交換という新たな形態の市場取引を拡げている[3]．実際には，シェアを可能とするサービス交換は，サービスを提供ないし利用する個人の間と，それらの個人

とその取引を可能とするプラットフォーム事業者との間でそれぞれ成立している．事実，そこではサービスを可能とする様々な役割が，個人によって分散的に調整される市場的な側面（取引の価格や数量の決定など）と，企業によって集中的に管理される組織的な側面（インフラの提供，ブランディング，信用，支払い，カスタマーサービスなど）とに分担され，統合されている．

　シェアサービスに限らず，情報化が進む今日の状況においては，既存の事業カテゴリーや，企業や消費者といった主体の分類の仕方を超えて，リソースの発見とそれに対するアクセス性の向上という原理を中心に，新たな価値共創の機会を探っていく必要がある．それは，もはやサービスの提供者と利用者といった単純な2者関係で捉えられるものではなく，多様な主体間の価値共創のネットワークとして構築していくものとなる．

　S-Dロジックは，企業によって価値が生みだされ，顧客に届けられるのではなく，顧客の活動のなかで，顧客によって（企業の助けも借りて）価値が生みだされると考える．そのような価値の創造は，顧客がある成果を期待して，自らの知識や技能を，企業から獲得したリソースと組み合わせて利用するプロセスを通じて実現される．したがって，そこでの企業の役割は，顧客の価値実現に必要なリソースを提供するとともに，その統合を支援することにある．そのような理解を前提とすれば，提供物の有形・無形，あるいは所有の有無といった違いを問わず，すべての企業に，顧客の活動の文脈のなかで事業を積極的に展開していくことが求められる．その活動の文脈のなかでは，顧客の持つリソースの重要性が認識され，それをどのように活用するかが，サービスの成功にとって鍵となる．それと同

時に，価値共創にとって何がリソースとなるかは，それを活かす企業側の知識や技術によっても大きく影響される．より高い価値や成果を顧客にもたらすように技術を活用し，リソースの評価や統合の仕方を変化させていくことで，サービスや事業にイノベーションをもたらすことができる．しかし，そのような変化を意図的に進めていくうえで，デザインの力が不可欠となるのである．

PART 1 のまとめ

(1) ビジネスは価値の創造に関わるが，企業が生産した財を顧客が使用して消費するという考え方でなく，顧客が財の使用を通じてその使用価値を創造するという発想に転換が求められている．

(2) 有形・無形の財に価値が備わっているという考え方は，様々なモノや行為を組み合わせて活かすことで生みだされる使用価値への関心や，その重要性への気づきを失わせてしまう．

(3) サービスという言葉を，無形財としてではなく，自らの能力の他者の便益への応用という意味で捉えることが大切である．

(4) 製品や貨幣を媒介させることで，サービス交換の機会や参加者が一挙に広がり，価値共創が連鎖し，循環するようになる．業種や市場を横断する新たなビジネスモデルも，サービス交換の新たな形態と捉えることで，その特性が理解しやすくなる．

(5) 顧客は企業によって提供される何かが欲しいのではなく，その利用を通じて生みだされる価値や結果を求めている．したがって，そうした価値や結果の実現を支援することが，企業に期待される．

(6) 顧客の価値創造の文脈に深く関与していくことで，企業と顧客との接点が増え，継続的な関係性の構築が可能になる．

(7) 企業が生みだす財を，顧客はさまざまな文脈で使用する．そうした文脈の多様性に注目することから，市場の拡大と協業機会の発見が促される．

(8) 共創のプロセスでは，顧客の側から関与を引きだすことが必要である．つまり，顧客の知識や技能そのものが，ビジネスにとって極めて有効なリソースとなる．

(9) 顧客満足度を提供物への評価と捉えることは，顧客による価値創造や価値共創の機会を失わせ，かえって満足度を低下させる可能性がある．

(10) 技術革新がもたらす事業のイノベーションは，潜在的なリソースを顕在化させ，その利用や統合を促す．

「デザイン」とはなにか？

問題解決としてのデザイン

PART1 では，サービスの意味の変遷を辿り，その新たな考え方の
ビジネス的な意義について見たが，PART2 では，その実践の手立て
となるデザインの役割に焦点を当てる．まず第 3 章では，職能として
のデザインの誕生と，その対象が広がる経緯を踏まえ，様々なデザイ
ンの活動に共通する特徴を描く．

1 「デザイン」のイメージとその背景

　サービスと同様に，「デザイン」もまた聞き慣れた言葉である．
多くの人々にとって，この言葉からまず連想されるのは，華やかな
ファッションや有名ブランド，かっこいいスポーツカー，お洒落な
インテリアといったイメージではないだろうか．それと同時に，そ
れらのデザインの"作品"を生みだしている，洗練されていて，強
いこだわりを持った，ちょっと気難しそうなデザイナーの姿を思い
浮かべる人もいるだろう．また，定食のサービスライスほどではな
いにしろ，デザイン家電，デザインランドセル，デザイン T シャツ，
デザイナーズマンションという表現も目にすることがある．どちら
かというと，これらは例外的な用法であるが，そこにも見栄えのよ
い，お洒落な，特別な装飾が施された，といったニュアンスが込め

られていることがわかる．

　デザインの社会的役割が築かれたのは，19世紀の産業革命以降のヨーロッパである．当時，大量生産が可能となって様々な製品が生活に入り込むようになったが，その多くは粗悪で，職人による手仕事の美しさが失われたものであった．その状況に対して，イギリスのウィリアム・モリスらが中心となって，製品の品質を利便性と人間的な美意識を兼ね備えて向上させようとするアーツ・アンド・クラフツ運動が起こる．20世紀初頭になると，その運動は，ドイツのバウハウスにおいて，さらに工業と芸術を広く統合しようとする高い理念のもとにデザインの概念として確立され，世界に広まっていく[1]．そして第一次世界大戦後，ナチスを逃れてヨーロッパからアメリカに渡ったデザイナーが，そのノウハウを同国に伝えることとなる．

　しかし，1920〜30年代のアメリカでは，企業間の本格的な競争が始まっており，また恐慌後の社会において，人々の消費を喚起することで需要を創出しようとする気運も高まっていた．デザイナーは，それらの時代の要請に応えて，その活動の重点を機能よりも製品のスタイリングの美しさや新しさに置くようになる．また，これをきっかけとして，デザインは，他社製品との差別化をはかり，人々の購買意欲を刺激して市場を拡大しようとするマーケティング戦略の手段として位置づけられることになっていく．それにともなって，消費を喚起する広告手段としてのグラフィックデザインへの期待も広がり，大量生産とマスコミュニケーションの統合は，その後もデザイナーに多くの活躍の場をもたらすことになっていく．

　アメリカで花開いた，装飾やスタイリングを重視するデザインの役割は，その後世界に広まり，ビジネスや経済成長の牽引役となる

ことを通じて，社会に知られるようになっていった．先に述べたように，今日も多くの人々がデザインを見た目の美しさとしてイメージする背景には，マーケティングに位置づけられたデザインの成功が大きく影響していると考えられる．

　しかし，デザインにとってスタイリングはその活動の一部であり，モリスやバウハウスによって推進されたデザインのビジョンに立ち戻るまでもなく，今日のデザイナーには実に多くの役割が求められている．また，デザインの対象も社会の様々な領域へと広がってきており，デザインの意義について，改めて捉え直す必要がある．

2　拡がるデザインの領域

　元カーネギーメロン大学のデザインスクール長で，現在ケースウェスタン大学のマネジメントスクールで教鞭をとるリチャード・ブキャナンは，20世紀を通じて広がった，デザインの活動から生みだされる様々な成果物を，デザインの4つの次数（オーダー）という考え方で説明している．デザインの1次，2次の成果物とは，シンボルとモノのことを，そして，3次と4次の成果物とは，行為とシステムをそれぞれ表している．以下に，これらの違いをまとめてみよう[2]．

① シンボルのデザイン

　グラフィックデザインは，視覚的なシンボル，つまり言葉やイメージを用いた情報伝達への関心から誕生したが，その後，ビジュアルコミュニケーションやコミュニケーションデザインとして発展していく．かつては，印刷物やグラフィック表現にちなんでグラフィックデザインと呼ばれていたが，後に，写真，映画，テレビ，音声，動作，デジタル表現などの新しいメディアやツールが登場すると，媒体の種類と関わりなく，より本質的なのはコミュニケーションであるという認識に代わられた．

② モノのデザイン

　工業デザインは，工場で製造される様々な人工物（モノ）の形状や機構を生みだすことを目的とする．工業デザインにはグラフィックデザインのような名称の変化は起こっていないが，特に，消費者向けの大量生産品のデザインを指す場合は，プロダクトデザインという表現が用いられる．そして，プロダクトデザインは，エンジニアリングやマーケティングとともに，企業における製品開発において重要な役割を担うようになる．

③ 行為（インタラクション）のデザイン

　20世紀後半に入ると，デザイナーは，シンボルやモノとは異なる，人間の行為や活動という新たな領域に，生活の価値を反映した第3次の成果物を生みだし始める．デザイナーが視覚的シンボルの表現やモノの制作方法を知っていたとしても，それらが人々の生活における活動や体験の一部とならなければ，価値や意味を持つことができない．したがって，デザイナーは，その対象

とするシンボルやモノを，人々の行為の一形態として捉えるように
なる．このことは，シンボルやモノのデザインの重要性を否定
するものではなく，人々が日々の生活において，どのように製品
を選択し，どのように使うのか，ということに対してより敏感に
なっていくことを意味している．

　そのような関心から，新たな分野として現れるのがインタラク
ションデザインである．それは，人間と機械とのインタラクショ
ン，特にスクリーンなどのインターフェイスを介した人間とコン
ピュータとのインタラクションに焦点を当てる．しかし，その後，
この領域はコンピュータの平面型スクリーンの世界を超えて，人
間と周囲の環境とのより広範なインタラクションを扱うように発
展していく．1990年代に入る頃には，この領域の中心的な関心は，
企業や政府，NPOなどによって提供されるサービスへと展開し
ていく．

④ システムのデザイン

　行為のデザインの誕生と時期を同じくして，システムに焦点を
当てる第4次のデザインが打ちだされる．システム思考は，少な
くとも19世紀以降のエンジニアリングデザインにおいて重要な
役割を担い始めていた．ただし，現在の関心の対象となるシステ
ムは，物質的なモノからなるシステムではなく，情報，モノと，
暮らし，仕事，遊び，学びなどの人間の諸活動の環境における様々
なインタラクションが組み合わさった，人的ないし社会的なシス
テムのことを指す．したがって，組織や制度，あるいはビジネス
や政策といった社会的活動もそのような人的システムとして理解
できる．このデザインには，インタクラションデザインのような，

多くの専門家に認められる共通の名前はないが，コミュニティデザイン，組織デザイン，ビジネスモデルデザイン，政策デザインなどの名称が用いられている．

以上の，①シンボル，②モノ，③行為（インタラクション），④システムという4つのデザインの対象は，いずれも人間の活動環境を構成する要素として重要な役割を担っている．したがって，これらは，必ずしも相互に独立したデザインの領域を意味するものではなく，より望ましい体験を人間にもたらすことを期待して環境にアプローチするレベルや側面の違いとして理解できる．かつて工業生産やアナログの情報通信の技術発展によって，大量生産やマスコミュニケーションにおけるデザインの役割が広がった．その後，コンピューティングの技術革新は，人間と人工物とのインタラクションの活用とその広がりにデザインの役割を生みだした．さらに現在，インターネットやIoTの発展の影響も強く受けながら，新たな事業の構築，組織の再編，そして都市や地域社会のイノベーションといった課題にデザインの新たな活躍機会が生まれている．

デザインの 4 つのオーダー

ブキャナンはデザインの歴史的な発展を踏まえて，それがシンボル，モノ，行為，システムの 4 つの領域で成果を生み出していることを指摘した＊．ただし，ブキャナン自身も述べているように，この 4 つはデザインの成果物の特性の違いを表すと同時に，デザインの課題や機会を検討する文脈（ブキャナンは placement や positioning という英語で表現）の多様性を示すものとして理解できる．

例えば，ある大きなスーパーマーケットで，欲しい商品を探し出すことに困難を感じる顧客がたくさんいたとする．店舗の経営者は，グラフィックデザイナーの力を借りて，商品カテゴリーを示す大きな標識を作成し，店内に設置するが，顧客はその標識に一向に目を向けようとしない．そこで，デザインコンサルタントは，店内での顧客の行動をよく観察して，その特性を把握することを提案した．その結果，多くの顧客が，探している商品カテゴリーを代表する，最も典型的で馴染みやすい商品を目印にして店舗内を移動していることが明らかとなった．そこでデザインコンサルタントは，それぞれのカテゴリーを代表するような特徴的商品をよく目立つ場所に置くようにと店舗の経営者に促した．

この事例では，当初サイン（店内の標識）のデザインとして位置付けられた問題が，顧客の行為（欲しい商品を探し出す店内の移動）のデザインの問題として置き換えられたことがわかる．さらにその後，商品（モノ）やその陳列の仕方がサインとして理解され，それをデザインし直すことで，顧客の店内移動を適切に誘導する解決策が導かれたのである．このように，デザインの実践においては，サイン，モノ，行為，システムの間で，頻繁にデザイン課題を認識し，解決するための文脈的な置き換えがなされている．

＊ Buchanan, R. (1992). Wicked problems in design thinking, *Design Issues,* 8 (2): 5-21.

3　デザインが扱う「厄介な問題」

(1)「厄介な問題」とは？

　デザインの活動がスタイリングにとどまるものではなく，しかも，その対象がブキャナンの指摘のような広がりを持つとすると，いったい何がデザインの活動に共通する特性といえるのか．

　その問いへの一つの答えとなるのが，デザインが扱う「厄介な問題」（wicked problem）と呼ばれる性質である．英語の wicked という単語は，意地悪な，嫌な，不愉快な，苦しめられる，といった意味合いを持っている．つまり，思い通りにしようとしても，それに抵抗する「手強い相手」といったニュアンスが込められている．

　デザインに共通する特性としてこの言葉を初めて用いたのは，デザインの理論的研究者ホルスト・リッテルである[3]．リッテルがこの概念を打ちだした背景には，1960 年代当時の研究者が前提としていた，直線的な段階を踏んで着実に進んでいくモデルでデザインを捉えようとする考え方への疑念があった．そのような直線的モデルでは，計画者やデザイナーが問題のすべての要素を決定し，解決に必要な要求条件を特定したうえで，それらを組み合わせる，あるいはバランスをとることで最終的に制作するモノの計画を導く合理的プロセスが想定されている．今日でも，科学者やビジネスの実務家にとっては，問題が直線的モデルで扱われることが好ましく思われているが，現実のデザインのプロジェクトの多くは，単純なプロセスでは進行せず，実際デザイナーが扱う問題（政策立案, 計画を含む）

は，直線的な分析や合成といった手続きに当てはめられないものがほとんどである．

このような認識にもとづいて，リッテルは，デザイナーが扱う問題の多くが，「厄介な問題」として特徴づけられるという考えを示す．それは，「ある社会システムに関する問題の種類で，上手く構造化がなされておらず，情報が混乱していて，価値意識の対立する多くの依頼主や意思決定者が関与し，システム全体に及ぼす影響も入り組んでいる」と説明されている．ブキャナンは，このような厄介な問題の本質が，その不確定性（indeterminacy）にあると指摘する．ここでいう本質的な不確定性とは，未確定という意味ではなく，デザインの問題に対する確実な条件づけや制約づけができないという状況を表している．

（2）「厄介な問題」の 10 の特性

リッテルは，都市計画学者のメルヴィン・ウェッバーとの共著論文のなかで，そのような本質的な不確定性を持つ厄介な問題について，以下のような 10 個の特性を挙げて説明している[4]．

---

① 問題を，解決に先駆けて定式化できない
解決方法の考え方によって，問題の理解の仕方が変化する．

② 解決を判定する規則がない
いつ解決にたどり着いたかを知る方法はなく，解決への探求は永遠に続く．

---

③ 解決策に問えるのは，真偽でなく，良いか悪いかだ

解決策の正否は客観的に判定できず，常に評価者の価値判断にもとづく．

④ 解決策の効果を確実に評価できるタイミングはない

解決策の影響は永遠に予想できないため，効果を測る時期が定まらない．

⑤ 解決は常に一度限りのもの

すべての取り組みが顕著な影響をもたらすので，解決策を試行錯誤できない．

⑥ すべての解決策を書き尽くせず，許容範囲も確定できない

有限の解決策の選択肢を描くことができない．

⑦ すべての問題は本質的にユニークである

すべての問題は特有な性質を持ち，過去の経験がそのまま当てはめられない．

⑧ すべての問題は別の問題の兆候とみなせる

厄介な問題は他の問題と絡み合っていて，解決策が別の問題を生みだす．

⑨ 問題をどう捉えるかは，様々な方法で説明できる

様々なステークホルダーが問題や原因について異なる認識を持っている．

⑩ 解決者は間違うことが許されない

科学的な仮説と違って，解決者はその結果に責任を持たなければならない．

このリストは，厄介な問題には，これらの特性のいくつかが共通

に見られるという特徴づけのためのもので，ある問題が厄介な問題がどうかを機械的に判定するための条件ではない．リッテルは，当時の社会システムに関わる問題のデザイン的解決をテーマに議論しているが，上記の特性を備える厄介な問題の事例は，環境問題やエネルギー問題，貿易摩擦や民族紛争，テロ対策などの今日の深刻な社会課題のなかにも容易に思い浮かべられるだろう．しかし，社会システムの課題に限らず，シンボル，モノ，行為を対象とする場合でも，デザインへの要求や期待が曖昧な場合，複数の要求が相互に対立あるいは矛盾する場合，知識や価値認識の異なる多様な利害関係者を持つ場合など，デザイナーは厄介な問題と対峙していると考えられる．企業が日々取り組んでいる新製品やサービスの開発，組織の再編成，事業のイノベーションといった課題や，様々な地域社会の問題や個人の日常生活などにも，同様の問題状況が見つかるはずである．

　それでは，厄介な問題に直線的モデルによる問題解決が有効でないとすれば，デザイナーはどのような方法でそれに立ち向かうのか．

4　推論としてのデザイン

　デザイナーによる厄介な問題へのアプローチについて詳しく見る前に，まずは，「週末に友だちどうしで何をして過ごすか？」という身近な問いを例にしてその概要を説明してみよう．グループ1と2があって，グループ1は，街へ出かけて「面白い映画を観る」ことを決め，グループ2は，とにかく「楽しいひとときを過ごす」ことだけを決めていたとする．このとき，グループ1については，「土曜日に上映している映画の候補から最適なものを選択する」といった一回限りの意思決定を行えば，比較的容易に確定できることがわかる．ところが，グループ2には，このようなシンプルな方法が使えない．何よりも「楽しいひとときを過ごす」と形容されている内容を具体的にしなければならないが，それを決める定まった方法があるわけではない．したがって，グループ2は，楽しい過ごし方の可能性を思い描く「想像力」を働かせなければならない．また，このグループには，街で楽しく過ごすためのいくつかの具体的なシナリオの良し悪しを検討するうえで，思考実験やシミュレーションなどの，適切な答えに到達するための「探索的な学習手段」も必要となる．さらに，グループ内のメンバーそれぞれの知識や経験，人間関係も考慮すれば，それを活かして合意できる案を生みだすことも，問題解決プロセスの一部となる．

　実は，上記のグループ2の扱った問題状況と解決プロセスに，デザイナーに特有のアプローチの特徴が表れている．工業デザイナーで，現在シドニー工科大学デザイン学部で教鞭をとるキース・ドー

ストは，このようなアプローチを一種の推論とみなすことで，その特性を形式的に描きだしている[5]．推論というのは，すでにわかっていることを前提に，まだわかっていないことについて「きっとこうだろう」と予想することだ．研究であれ，ビジネスであれ，日常生活であれ，何かの問いに答えを出そうと人が頭を使って考える場合，そこにはなんらかの推論がともなっている．

　以下に，代表的な4つの推論の形式について見てみよう．

① 演繹（ディダクション）

　もし，空にある星が見えたとして，さらに惑星の運動法則を知っていたとすれば，ある時間にその星がどの位置に移動するか予測できる．これは，科学の世界でお馴染みの推論の形式で，演繹という名前で呼ばれている．この推論の形式は次のように書き表せる．

$$\text{対象 + 動作原理 → ？？？}$$

　つまり，対象（星）の存在や位置がわかっていて，さらにその対象の動作についての原理（運動法則）もわかっていれば，そこから結果（上式の？？？に対応する未来の星の位置）が予想できるというわけだ．

② 帰納（インダクション）

　しかし，推論の形式はこれだけではない．先の例と同じように，星の存在がわかっていて，しかし今度は星の運動の法則を知らずに，その代わり星がどう動いたか，その結果についての観察記録があったとしよう．この場合，それらの前提から，その星の移動の結果を説明する動作原理（運動法則）について仮説を立てられる．これは，

帰納と呼ばれる推論の形式で，こちらも科学の世界では定番となっている．

$$対象 + ??? \rightarrow 結果$$

　演繹にしても，帰納にしても，科学の対象となるような自然現象だけでなく，株価の変動を予想する場合，あるいは各種の経済指標のデータから景気の循環法則を導く場合など，社会的現象にも頻繁に用いられている．もっと身近なところに目を向けると，科学的な厳密さは欠けるかもしれないが，大学生が過去の試験の出題傾向を分析して，自分が臨む試験の問題を予想するとき，そこには帰納的推論や演繹的推論が用いられている．

③ アブダクション
　さて，ここまで，結果が未知の場合と，動作原理が未知の場合の推論について見たので，残されたのは，次のような形式の推論だ．

$$??? + 動作原理 \rightarrow 結果$$

　これは，期待する結果がイメージできていて，さらにそれを得るために利用する動作原理（方法）も見当がついているときに，具体的にその原理を適用する対象として何を生みだせばよいかを考えだす場合に相当する．この推論の形式は，"厄介ではない"問題解決に適用されるもので，アブダクションという名で呼ばれている．先に見た，友人グループの土曜日の夜の過ごし方の例でいえば，グループ1の状況がこれに相当する．つまり，グループ1では，「土曜日

の夜に楽しいひとときを過ごす」という結果を得るために，「映画館に映画を観にいく」という方法をとることが決まっている状況で，「どんな映画を観るか」という対象の選択が求められている．この場合，例えば，雑誌やインターネットを使って土曜日の夜に上映している映画を調べて（動作原理），そのなかから最も面白そうな映画（対象）を選択するといった手続きで答えを導けるだろう．

④デザイン・アブダクション

　では，グループ2についてはどうだろう．グループ2は，「楽しいひとときを過ごす」という期待する結果だけが決まっていて，そのための方法（到達原理）や，実際に何をするかは未確定なので，求められる推論は，以下のような形式で表すことができる．

$$??? + ??? \rightarrow 結果$$

　この推論では，期待する結果をもたらす対象と，そこに適用する動作原理の二つを並行して導きだすことが必要で，先のアブダクションの推論の場合のように，答えを探す可能性の範囲が明確に設定できない．ドーストは，このような推論の形式こそが，デザインの扱う問題解決の状況の本質的特性を表すものだと指摘する．そして，その推論形式を「デザイン・アブダクション」と呼び，先の最適解の決定問題として扱えるアブダクションを「ノーマル・アブダクション」と名付けて両者を区別している．

5 デザイン・アブダクションの方法

(1) フレームという武器

　デザイン特有の問題解決の特性が理解できたとすると，デザイナーはこのような推論にどのように取り組んでいるのか知りたくなる．もう一度確認しておくと，デザイン・アブダクションとは，ある期待する結果を得るために必要な，動作原理（how）と，それを可能とする対象（what）をセットで導くことである．デザインの実践では，そのような状況に対して，フレームという武器を用いて臨むことになる．フレームとは，期待する結果に対して仮の動作原理を設定することだが，それがデザインにおいてどのような役割を果たすのか，一つの例を使って説明してみよう．

　朝の仕事始め，まだ少し眠くて頭が上手く働いていないが，なるべく早くシャキッと仕事にとりかかりたいと思っている人がいるとしよう．このとき，もしコーヒーを飲むことが頭を覚醒させる手っ取り早い方法だという認識をこの人がすでに持っていたとすれば，自分で簡単につくれるコーヒーメーカーを購入するといった解決策が導かれることになる．この場合，コーヒー（カフェイン飲料）による化学反応によって簡単に頭を覚醒できる，という考えがフレームとなっている．ところが，もしこの人がコーヒーを飲んで胃を悪くすることを気にしているとしたら，例えば，このフレームを，「誰かと刺激的な会話をすることで頭をクリアにする」といった別のフレームに置き換えることもできる[6].

デザイナーは問題状況の理解を通じて，既存のフレームを採用するか，または新規のフレームを構築する．いったんフレームが設定されると，ノーマル・アブダクションの推論に従って，解決策となる仮の対象物をつくりだす．その後，演繹的な推論によって，その仮の対象物と，設定したフレームによって示唆された動作原理から，実際に期待される結果が導かれるかどうかを検証していく．そのようなテストにパスするまで，提案されたフレームの有効性は確証されず，その精緻化，あるいは別のフレームへの置き換えが続けられる．一般的に，ある問題状況にフレームを当てはめることを「フレーミング」と呼び，既存のフレームを別のフレームに置き換える作業は，「リフレーミング」と呼ばれている．実際のデザインプロジェクトにおいて，デザイナーは，期待する結果を前提に，仮のフレームを通じてデザインの解決案を導き，その解決案に納得がいかなければふたたび問題のリフレーミングへと戻っていく．そして，このような一連の推論に相当の時間をかけて取り組んでいるのである．

（2）「厄介な問題」のフレーミング

　もし取り組もうとする問題の状況について，デザイナーが過去に類似の問題に取り組んだことがあれば，過去に用いたフレームをその状況に当てはめればすむ．しかし，デザイナーの活躍が期待されるのは，そしてデザイナーがよりやり甲斐を感じるのは，「厄介な問題」を相手にするときである．特に，リッテルが指摘した「厄介な問題」のリストのなかでも，⑨「問題をどう捉えるかは，様々な方法で説明できる」という特性は，その問題解決をかなり困難なも

のとする．つまり，それは問題状況を捉える複数の認識，視座，要求条件が存在していて，それぞれの主張に正当性があって，しかも相互に対立するような事態である．

　ドーストは，そのような複雑で対立する複数の視点が混在する問題状況に取り組むデザイナーのプロセスについて，シドニーの歓楽街で多発する若者の犯罪に対処するデザインプロジェクトを例にして説明している[7]．その歓楽街にはバーやクラブが密集していて，夜になると3万人規模の若者が集まってくるのだが，酔っ払い，喧嘩，窃盗が多発している．自治体は，多数の警官の動員，監視カメラの設置，警備員の配備の義務化などの対応をとったが，街の雰囲気が悪化するだけで犯罪は一向に減少しない．

　そこで，問題の解決に取り組んだデザイナーは，まず自治体職員がこの状況を「治安強化の問題と対策」というフレームで認識していることに気づく．また，デザイナーは，酒を飲んで騒いでいる若者の行動の背景を理解し，その結果，多くの若者が楽しい時間を過ごしたいという気持ちを強く持っているものの，夜が深まるにつれてバーやクラブが混雑して行き場を失い，次第に退屈し始め，やがてフラストレーションがたまっていく，といった問題状況の背景について理解した．さらに，防犯対策の強化によって，よりいっそう，若者が楽しい時間を過ごせなくなり，フラストレーションが高まるといった矛盾が生じていることも明らかとなったのである．

　デザイナーは，このような「若者がある賑わいのあるエリアに集まって，フラストレーションを感じずに楽しい時間を安全に過ごす」というテーマについてより広い視野で検討を行い，その結果，犯罪対策ではなく，「フェスティバルのマネジメント」という新たなフレームを打ちだすことになった．そして，音楽フェスティバルの運

営の仕組みなどを参考にしながら，バーやクラブに入れない若者が時間を過ごせる施設の設置，ガイドや標識による誘導，深夜の交通手段の手配といった，効果的な対策を生みだしていった．その結果，街区の治安が改善されただけでなく，地域の公共空間としての質が向上するという当初の期待を超えるメリットも生みだされた．

　この事例のように，デザイナーは，まず対立が生じている，またそれが当事者によって認識されているフレームを突き止める．そして，いったんそのフレームから離れて，より広い視野で，その問題状況に潜む本質的な人間の欲求をテーマとして抜きだす．そうすることで，その問題固有の文脈とは異なる世界から，興味深い，新しい方法でアプローチするフレームを探しだすことが可能となる．

（3）リフレーミングを仕掛けるデザイナー

　デザイナーが厄介な問題や矛盾する状況に取り組むための特有の方法を持っていることについて見てきたが，ここで重要なのは，デザインによるフレーミングやリフレーミングが効果を発揮するのは，問題や対立の発生が明確に認識されている場合に限らないという点である．例えば，新規の製品やサービスの開発について考えてみると，もちろん既存の製品やサービスに対するユーザーからの不満がその取り組みのきっかけとなることもある．

　ところが，近年のビジネスに求められる，より飛躍的な変化をもたらすイノベーションのためには，むしろ顧客や企業が特に問題を認識していない製品やサービスの領域について，新たな施策を打ちだすことが期待される．このような場合にも，デザイン・アブダク

ションの適用が有効となる．つまり，デザイナーは，暗黙のうちに前提とされている，既存の製品やサービスが利用される人々のニーズや課題を認識するフレームを浮き彫りにする．そして，その製品やサービスが利用されるコンテキストをより広い視野で捉え，そこに時代や環境の変化からもたらされる影響も踏まえて，既存のフレームでは対応されていない新たな欲求や生活のテーマを発見し，それにふさわしい新たなフレームを構築するのである．このようにして，既存のフレームからは決して発想できない，斬新な製品やサービスのアイデアが生みだされることになる．

　デザインが活躍する領域は広がりを見せ，アプローチや成果にも多様性があるため，その特性を一言で表すことは難しい．しかし，デザインの推論としての側面に注目すると，科学や工学の方法とは異なる，デザイン特有の知的な探求の特徴が浮かび上がる．それは明確に定式化できない，複雑かつ曖昧で，変化を続ける厄介な問題に対して，解決策の可能性と問題の解釈を同時に探索しながら，新たな価値をともなう結果を生みだす活動と特徴づけることができる．またデザイナーは，そのような探求に受け身で応えるのではなく，積極的に既存のフレームに疑いを投げかけ，新たに置き換えることで，事業や社会の変革を導いている．

デザインモードの社会とビジネス

デザインがその対象を広げる一方で，ビジネスや社会からデザインの方法への期待が高まっている．では，なぜこの時代にデザインが大きな注目を集めるのか．今日のビジネスや社会にどのような意味を持ち，どう活かせるのか．第4章では，そのような問いについて考える．

1　デザイン思考とはなにか？

(1) デザイン思考への期待

　第3章では，職能分野としてのデザインの誕生や，その対象領域の広がり，そしてデザインに特有の探求プロセスに焦点を当てて，その特徴を理解した．実は，このようなデザインの理解は，デザインの方法論の考え方にもとづいている．しかし，必ずしも世の中のデザイナーが皆そのような方法論を意識しているわけではなく，多くは経験やトレーニングを通じて身につけ，暗黙知として実践している．一方，デザイナー以外の人々にとっても，デザインは，グラフィックの作品や工業製品のスタイリング，あるいはコンピュータのインターフェイスやインタラクティブなコンテンツといったデザ

インの成果物を通じてイメージされてきたため，その方法やプロセスについて考える機会はほとんどなかった．

　ところが，21世紀に入った頃から，IDEOをはじめとするデザイン・コンサルティング会社によって，デザインをビジネスにおける創造的な問題解決の方法と捉える「デザイン思考」が提唱され始める．それは，課題やニーズを抱える人々への共感を中心に，問題の定義，解決のためのアイデアの形成，アイデアのプロトタイピング，評価といった一連のプロセスとして紹介され，それを実行する様々なツールとともに世の中に広まることとなった．

　これまでも，製品やコミュニケーションのデザインを組織の資源と位置づけて戦略的に活用していく，デザインマネジメントの分野は知られていた．これに対して，デザイン思考は，製品やサービス，さらにビジネスモデルや事業戦略，ブランドなどの様々なイノベーションを推進する方法と位置づけられる点に特徴がある．特に，多くの企業はこれまで主にテクノロジーやマーケティング，会計を中心にした企業視点で事業を組み立ててきたため，デザイン思考は，顧客志向の発想や新しいアイデアをビジネスに取り入れる手段として，企業の経営者にも歓迎されることとなった．また著名なビジネス誌も特集記事を組むなど，デザイン思考への関心と期待感を世に生みだした．

　日本でも，雑誌やインターネットの特集記事のほか，入門書の出版，セミナーの開催などを通じてデザイン思考への関心は高まっており，新規の製品やサービス開発プロジェクトへの応用，研修プログラムの導入，専門組織の立ち上げを行う企業が現れている．

（2） デザイン思考導入の障壁

　デザイン思考の普及によって，デザインの方法をビジネスの様々な領域に適用する可能性が広がったが，実際のところ，企業によるその受け止め方や，受け入れ方は一様ではない．また，その違いも影響して，様々な導入のハードルも認識され始めている．以下に，主なものを挙げてみよう．

① 企業のデザイン部門のケース

　まず，デザイン思考を導入しようとする企業の多くに，デザイン部門にその活動を担わせる傾向がみられる．そのような企業の経営者は，デザイン思考は顧客に受け入れられる製品やサービスを生みだす手法なので，それをマスターしているデザイナーにまかせれば，企業にとって魅力的な企画が自ずと生みだされるはずだという期待を抱く．

　デザイナーも，その期待に応えるべく，さらにデザイン部門の社内の地位向上もねらって，製品のイノベーションや新規事業のビジョンづくりに取り組み始める．またデザイン思考を社内の事業部門や顧客に導入し，ステークホルダーを巻き込んだ新規事業の企画検討を試みるデザイナーも現れる．いずれの場合も，デザイン部門で働くデザイナーに，既存の業務の範囲を超える新たなタスクや責任を要求するため，その折り合いが課題となる．

　また，デザイン思考を応用して検討したアイデアであっても，デザイン部門が主導することで事業部門に上手く伝わらない，あるいは，組織間の連携が上手くいかず，プロジェクトが失敗に終わるといったことも少なからずある．

② 事業開発部門のケース

　デザイン部門とは別に，社内の事業開発部門やその担当チームが中心となってデザイン思考の導入を試みるケースもある．そのような部門やチームは，一般的に企業の上位階層に位置づけられ，検討された企画内容を実現に移す権限を与えられているため，実際の結果と結びつく可能性が期待できる．ただし，その導入が，短期間の研修やセミナーへの参加による，即席の応用を期待したプロセスとツールの習得によって進められることも多い．その場合，デザイン思考の手続きが期待した成果を出せず，役に立たない手法として直ちに評価を下されることもある．

③ 技術開発や研究部門のケース

　その他，技術開発部門や研究部門などにも，顧客視点を踏まえた発想を強化する目的でデザイン思考の活用が試みられることがある．これらの部門の人々によく見られるのが，問題設定が曖昧なまま解決策の検討を試行錯誤のうちに進めていくデザイン思考のプロセスに違和感を感じ，かなり早い段階で問題の明確化とソリューションのイメージを確定させてしまおうとする反応である．

　また，様々なアイデアの可能性を検討する段階で，技術的な視点からアイデアの実現性を評価して，否定的な意見を述べてしまう傾向もある．さらに技術者のなかには，アイデアのプロトタイピングや評価といった表現を，従来から実施している一方通行の開発プロセスや，製品やサービスの仕様を確定させる意味合いで誤って理解し，新規性や導入意義を感じない者もいる．

　これらに加えて，研究者によく起こるのが，デザインのツールやメソッドの知識習得が先行し，それを実践する機会が乏しい状

態でその有効性を評価してしまう，あるいは実践する前から先入観を持って自分の都合の良いように解釈してしまうといった事態である．

　このように，企業にデザイン思考を導入する試みが期待通りに進まない状況を見て，デザイナーのなかからは，デザイン思考は，デザインのトレーニングを受けたことのない人々に，デザインの方法が簡単に習得できると錯覚させるものであると，批判の声も聞こえてくる．

　そのような批判の矛先は，主に，デザイン思考が取り替え可能なツールやメソッドのように一般に認識されてしまう危険性に向けられている．つまり，デザイン思考を広める書籍や記事の多くが，テクニックやプロセスを強調する一方で，その土台にあるデザインの態度や文化の重要性に言及せず，またデザインが今日の経済や社会に期待される時代的な背景についても充分な説明をしていないことが危惧されているのである．デザイン思考の表層的な理解にもとづく導入の限界を乗り越え，その関心の高まりを一時的な流行に終わらせないためにも，その基盤にあるデザインの態度や文化についての理解を深め，デザインの役割を今日のビジネスや社会の文脈に位置づけなければならない．

2 デザイナーマインドとは？

　ビジネスコンサルタントのカミル・ミヒレウスキは，複数の大手企業のデザイナーの活動を調査し，デザイナーに共通して見られる態度や文化について特徴を抽出した．その内容を，次の5つに要約している[1].

① 不確実性や曖昧さを受け入れる

　デザイナーは，自分が新しく，オリジナルなものを生みだそうとするとき，成功の保証など，どこにもないことを知っている．創造的なプロセスの多くは，決してスムーズに進むことがなく，煩雑なものとなる．しかし，着実な計画や安定したマネジメントの枠組みに頼ることなく，予想を裏切るプロセスの展開をむしろ心地よく感じる．そのような資質を備えることで，デザイナーは信念と勇気を持って，世の中の当たり前の知識や考え方に挑戦できる．

② ユーザーに共感を寄せる

　他者に真に共感するには，勇気や誠実さとともに，先入観を捨ててかからなければならない．デザイナーは，顧客やユーザーの直面する課題について，すべての答えを知っているような振りをしない．また，確実な解決策に当てはめようとせず，顧客について可能な限り多くの発見を得ようとする．何よりも，デザイナーは消費者をマネジメントの都合で抽象化された対象でなく，

リアルな人として扱う．

③ 五感を駆使する

　デザイナーは，多くの人が依存する視覚や聴覚の情報だけで
は，心からの感動を生みだすに充分でないことを心得ている．
実際，触覚や嗅覚，味覚も組み合わせることで，最高のブラン
ドや体験をつくりだし，より良いソリューションを見つけだす．
デザイナーが自らの美的感覚を利用する姿勢は，常に飾ること
なく，すべてを受け入れようとしている．デザイナーは，他の
職能の人には面倒で複雑にすら感じられる状況を逆手にとって，
驚きや喜び，感動を生みだす．

④ 遊び心を持って取り組む

　革新的なプロセスや対話を牽引するために，デザイナーは，遊
び心，ユーモア，破壊の力を活用する．創造的だが，ばかばかし
くも見える方法を使って本質的な問いを投げかけ，既存のゆるぎ
ないやり方に挑戦する．そのような能力によって，政治的に注意
が必要な問題も，臆することなく対応できる．また，デザイナー
は，デザインの初期段階で，潜在的な製品やサービス，未来のシ
ナリオをできるだけ素早く形に表すこと，すなわちプロトタイピ
ングが進歩をもたらす効果的な方法だと信じている．

⑤ 複雑性から新たな意味を創りだす

　デザイナーのものごとの進め方の中心にあるのは，多様で相互
に矛盾する視点や情報源に進んで関わり，それらを融合させて，
まったく新しい考え方を生みだすことにある．戦略に則って取捨

選択することも一つの方法だが，異質でバラバラな要素を一貫性のある全体へ転換させるやり方は，それとはまったく異なる．デザイナーは，困難な問題を解決するのと同じくらいに，ものごとが人々にもたらす意味を夢中になって進歩させる．

これらの特性を理解すると，単に便利なツールのパッケージとしてデザイン思考を受け入れようとするのでなく，デザインの活動を支えるマインドセットや文化とともに，組織のなかに時間をかけてデザインの方法を浸透させていく大切さがわかる．ミヒレウスキは，実際にデザインがビジネスやその他の機関の組織全体に効果的なインパクトをもたらすためには，次の3つのアプローチがありうるとしている[2]．

- デザイン思考のような言語化可能なフレームワークを通じてデザインの意義を説得する
- デザイナーの成果物（製品，サービス，体験，環境など）を通じてデザインの効果を実感させる
- デザイナー自身の振る舞いや文化を通じて働きかける

ここでは詳細に触れないが，ミヒレウスキは，特に3番目の可能性を強調して，デザイナーが組織のなかで果たす役割（特に意思決定レベルへの関与）や，そのあるべき位置づけについてさらに持論を展開している．

3 デザインモードに向かう社会

（1）慣習モードとデザインモード

　デザイン思考の流行やミヒレウスキの議論を見ていくと，そもそも今の時代にデザインの方法や文化をビジネスに導入することに，どんな意義があるのかという疑問が浮かぶ．確かに，第 3 章で触れた，職能としてのデザインのルーツやその後の歴史を振り返ることで，デザインと産業様式，市場経済，そしてテクノロジーの発展との結びつきは理解できる．しかし，デザイナーという職能を超えて，デザインの方法に注目が集まる今日の状況を読み解くためには，人間とデザインの能力との関係や，社会におけるデザインの役割について，より広い視野で考えてみる必要がある．

　ミラノ工科大学で教鞭をとるエツィオ・マンツィーニは，ある時代の社会は，「慣習モード」（conventional mode）を中心に動くのか，「デザインモード」（design mode）を中心に動くのかの違いによって特徴づけられると指摘する[3]．「慣習モード」は，その名の通り，人々が過去の伝統や既存の慣習に従うことを意味する．このモードが支配的な社会では，これまでのやり方が上手く踏襲されるように，様々な制度や仕組みが，人々の行うべきこと，その方法を導くように働きかける．そのような慣習に従うことによって，人々は過去の試行錯誤の経験の蓄積から得られた知識を利用し，迷うことなく，スムーズにことを進められる．

　ところが，かつて経験したことのない出来事や問題が頻繁に起こ

り，慣習的に用いられてきたノウハウが役に立たない状況に追いやられると，次第に伝統や慣習の力が弱まり，新たな選択肢や，その可能性を追い求めるようになる．このような事態が社会の様々な領域で生じるとき，慣習モードに代わって「デザインモード」が優勢になる．デザインモードは，人間が生まれながらにして備える次の3つの能力を組み合わせて働かせることで実行される．

- **批判的な精神**（現状について検討して，何を受け入れ，また受け入れられないかを見極める能力）
- **創造性**（まだ存在しない可能な世界を思い描く想像力）
- **実践能力**（ものごとを実際に実現させるやり方を考える能力）

これらの能力は誰もが持っていて，活用できるのだが，あらゆる人間の才能がそうであるように，その能力が適切に刺激を受け，育まれることで，初めて上手く発揮されるようになる．

（2）時代におけるモードの優劣

どの時代にも，これら二つのモードは共存しているが，その比重や現れ方に大きな違いが生じる．例えば，ヨーロッパの歴史についてみると，中世の時代は慣習モードが優勢であったが，ルネッサンス，さらに第一次ならびに第二次産業革命の時代には，デザインモードが優勢になったと考えられる．モリスやバウハウスの運動の盛り上がりも，そのような時代の特性を反映している．そして，現在のデジタル化，ネットワーク化が進む社会も，様々な出来事が国境，

組織，分野を超えて複雑に相互作用し，その変化の行方は容易には予想できない状況にある．多くの分野で既存の考え方やものごとの進め方，そして組織（ビジネスおよび公共の世界で，そして都市や地方，国家も含めて）のあり方が上手く機能しなくなっていることから，ふたたびデザインモードが優勢な時代に突入したとみることができる．

4　デザインモードの展開

（1）デザインが果たす役割と担い手

　デザインモードが優勢になる社会では，様々な人々の活動領域で既存のフレームでは問題が上手く定義できない，あるいは有効な解決策が導けない状況に追いやられる．そこでは，第3章で見た「厄介な問題」に対処しなければならない機会が増えると同時に，リフレーミングによって新しい発想がこれまでの慣習を打ち破っていく機会も拡大する．もし現在の社会がそのような状況に置かれているとすれば，デザインモードはどのように社会のなかに現れてくるのか．その特徴を知る前提として，マンツィーニは，まずデザインが社会に貢献する二つの役割である，「問題解決」（problem solving）と，

「意味形成」（sense making）に注目する．

- 問題解決 ──「ある目的や機能を果たすために，ものごとはどうあるべきか？」という問いに答えるもので，主に物理法則やロジックの力を借りて答えを導く．
- 意味形成 ──「そのものごとは，どのような意味や性質において望ましいといえるのか？」という問いについての判断に関わり，質や価値，美といった要素を含んだ意味を社会的に形成していく．

　問題解決の役割が，差し迫った問題状況に対して解決策を提示して，その有効性を評価するのに対して，意味形成の役割は，文化的な質を生みだすことを追求し，人々がそれを好むかどうかといった評価を重視する．これらの二つのデザインの世界はそれぞれに自律性を持つが，決して相互に反するものではなく，実際のデザインの活動において，様々なバランスで関わりを持つ．

　また、社会におけるデザインモードの現れ方を知る前提として，マンツィーニはデザインの役割とともに，その担い手と能力に目を向けるのだが，これについても「エキスパートのデザイン」と「非エキスパートのデザイン」の二つの極によって特徴づけが可能だという．

- エキスパートのデザイン ── トレーニングを受けてその能力を磨き上げ，さらに一定のツールや文化，そして実践のスタイルを職能として身につけたもの．
- 非エキスパートのデザイン ── 生まれ持った資質や技能を

自然に活かす，一般的な人々によるもの.

　もちろん，このような二極によるデザイン能力の理解は抽象化されたものであり，実際は，その間に様々な能力の位置づけや移動の可能性が考えられる.

（2）4つのデザインモード

　問題解決と意味形成というデザインの役割の広がりを表す軸と，非エキスパートによるデザインからエキスパートによるデザインに至る，デザインの能力の広がりを表す軸とを組み合わせると，図4-1のように，4つの代表的なデザインモードの展開を示す見取り図ができる．マンツィーニは，それぞれの展開について，近年に世に広まった代表例を挙げて説明する[4].

　まず，A「エキスパートによる問題解決型デザイン」は，ビジネスや社会の様々な複雑な問題に対して，テクノロジーや多様な専門性を持つ人材の能力を活かしながらチームで解決に取り組むタイプのデザインで，IDEO のようなデザイン・コンサルティング会社の活動がそれに当てはまる.

　次に B「エキスパートによる意味形成型デザイン」に対応するのは，オリジナルの製品やサービス，コミュニケーションの創作物などの制作に焦点を当てる，伝統的なデザイン会社や，広告・PR のエージェンシーの活動である.

　また，C「非エキスパートによる問題解決型デザイン」の代表例としては，草の根の団体や組織による地域社会やコミュニティの

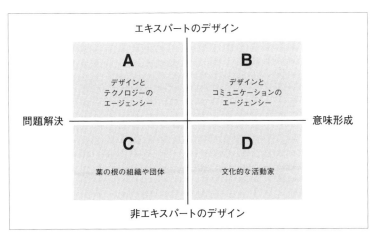

図4-1　デザインモードの展開（Manzini 2015 にもとづいて作成）

様々な課題解決（近隣の緑地不足の解消，交通弱者のサポートなど）の活動が考えられる.

　そして，最後に，D「非エキスパートによる意味形成型デザイン」としては，文化的テーマについての展示やプレゼンテーション，ディベートなどの活動が当てはまるが，ひと昔前からある例としては，映画の上映会，路上のアート，読書クラブ，ロックバンド，地方のラジオ番組，自主運営の市民センターなどが挙げられる.

（3）交差するデザインモード

　これらの4つのデザインモードをベンチマークとして，さらにマンツィーニは，現在新たなトレンドとして現れつつある，それらを横断するデザインモードの展開について説明する.

まず，今日のように扱う問題の複雑性が大きく高まる状況では，その解釈や解決方法に多様な可能性が生じる．そのため，問題解決は技術や論理だけでなく，意味の領域でも同時に追求されるようになる．例えば，最近はデザインのエキスパートとして，地域に根ざしたソーシャルサービスのデザインや，都市と地方の新たな関係性の構築，過疎地における新たな交通システムの実現といった様々なプロジェクトに参画する者が現れている．その際，検討される技術的な解決策が，その地域の人々にとって，文化的にも，社会的にも受け入れられるかどうかの判断が重要になる．

　一方，非エキスパートによる草の根的な社会課題の解決においても，個々の解決策の検討は，同時に，持続可能な社会の実現に向けての時間や場所，人間関係，活動などについての新しい意味づけやアイデアの創出をともなうことになる．さらに，文化的なデザインの活動家と草の根の問題解決のデザイン活動の垣根も無くなりつつある．例えば，都市の公共空間におけるゲリラ的な緑地づくりや，突如開催されるストリートディナー，様々な文化的活動のボランティア団体とエキスパートデザイナーの協力によるイベントの開催などを通じて，ときには挑発的な方法で人々の関心を社会課題に引き寄せ，また相互に矛盾するような複数のフレームを提示して問題を提起する活動も見られる．

　また，デザインモードのもう一つの新たなトレンドとして，デザインのエキスパートと非エキスパートの距離が接近している．特に，デジタルメディアやソーシャルメディアの普及によって，専門的なデザインのトレーニングを受けていない人々も，社会の様々な問題解決に積極的に関与し，影響をもたらすようになっており，人々を魅了する新しい表現のコンテンツを次々と生みだしている．エキス

パートではなくとも，高いデザインの技能と多くの経験を身につけた人々の集団は大きくなっており，エキスパートとの様々な相互作用やコラボレーションも生まれ始めている．

5　企業におけるデザインモード

(1) デザインモードによる分類

　以上に見たマンツィーニの議論は，特に地域社会の課題に対するデザイン能力の活用に関心が向けられているが，それらの視点や枠組みは，ビジネスにおけるデザインモードの展開にも当てはめて考えることができる（図 4-2）．

　まず企業において，かつてから意味形成のデザインのエキスパートとして認知されてきたのは，B' の象限に位置づけられる，組織内の製品デザイナーであり，大企業であれば，それらの職能的デザイナーが集団で活動するデザイン部門を持つ場合もある．また広告や宣伝の部門にもコミュニケーションデザインのエキスパートがいて，同様に活躍している．

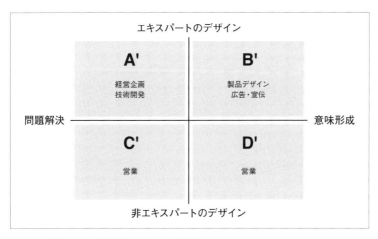

図4-2 企業内におけるデザインモードの展開

　一方，A' の象限には，部品や製品の製造設計，技術開発に携わるエンジニアの活動が位置づけられるが，これらの人々はみな技術的な問題解決に従事するデザインモードのエキスパートとみなすことができる．これに加えて，研究開発を行うリサーチャーや，経営戦略や計画を立案するストラテジストやプランナーなども，知識やビジネス上の専門的な問題解決を担う専門的な人材として同じカテゴリーに分類できる．

　また C' の非エキスパートの問題解決型デザインの象限には，顧客の抱える困難な課題を見つけだし，その解決に知恵を絞り，そこにビジネスチャンスを窺う営業の活動が当てはまる．

　そして，D' の象限の，非エキスパートの意味形成型デザイン活動はすぐには思い浮かべにくいが，強いていえば，得意の話術を用いて顧客に新しい気づきを与え，また欲求を芽生えさせる，営業マンの巧みなコミュニケーションを一例として挙げられるだろう．

（2）問題解決と意味形成の交差

　現状では，企業においてデザインやデザイナーという言葉が用いられる活動範囲は限定的だが，前記のような枠組みで捉えてみると，実際には，様々な業務が，異なるタイプのデザインの活動として理解できることがわかる．

　さらに，マンツィーニが描いた，4つのデザインモードを跨る新たなトレンドについても，同様の傾向を企業の活動に関して読み取ることができる（図4-3）．

　まず，これまで別々の職能によって扱われてきたテクノロジーやビジネス戦略における問題解決と，顧客にとっての新たな意味や価値，体験の創造，その効果的なコミュニケーションといった活動は，今日のビジネスでは相互に切り離して考えることが難しくなっている．事実，近年は，それらの異なるデザインモードを戦略的に上手

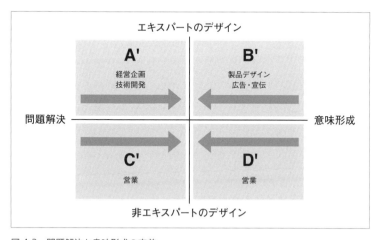

図4-3　問題解決と意味形成の交差

く結びつけることで事業のイノベーションを成功させた企業の活躍が目立つ.

　一方, 営業の活動においても, 顧客のニーズや課題の把握のために, 顧客の生活や業務の多様な文脈に共感し, 理解することの重要性が増している. そのような営業活動を通じた「デザインリサーチ」によって, 顧客の課題の適切な意味づけが行われ, 新しい製品のアイデアが生みだされることも多い. また従来のように, 企業が顧客に何かを売り込むのでなく, 顧客と共に, 顧客の目指す目標を達成する機会を探るべく, 営業のスタイルにも変化が期待されている.

(3) エキスパートと非エキスパートの交差

　また, ビジネスの世界でも, 今後はデザインモードを推進するエキスパートと非エキスパートの距離の接近が予想される (図4-4). 専門的な戦略立案やプランニング, 技術開発, 製品デザインやコミュニケーションデザインのトレーニングを受けていない営業担当者も, 顧客のニーズや課題を理解してビジネスを発想する役割においては中心的な存在となる. そして, それらの情報を組織内で様々な専門的職能を持つ人々と共有し, 顧客の課題や価値に対して組織横断でアイデアを生みだし, その実現を支援していくコラボレーションが重要となる.

　一方, 営業や接客のパフォーマンスそのものが企業ブランドを体現し, 顧客に伝達される重要なシンボルとして働くことを考えれば, そこにエキスパートと非エキスパートの連携によるコミュニケーションデザインの世界が見つかる. さらに近年注目される「働き方

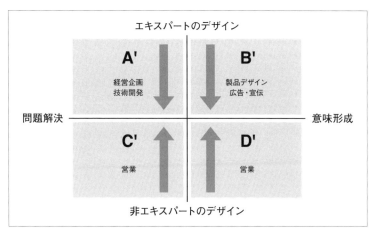

図4-4　エキスパートと非エキスパートの交差

の改革」といった課題についても，効率性や健康管理の側面だけで
なく，仕事の意味や組織文化の検討を含んだ，企業全体での新しい
業務のデザインが求められている．

（4）コ・デザインの時代へ

　ますます複雑化，高度化するビジネス課題に企業がデザインモー
ドを発揮して立ち向かっていくために，組織の異なるデザインモー
ドの交差は今後もさらに加速していくと予想される．そこでは，職
能的なデザイナーが単独でデザインを行うのではなく，多様な職能
や知識，経験を持つ人々の連携による「コ・デザイン」（Co-Design）
が中心となっていくと考えられる．コ・デザインは，一連のデザイ
ンプロセスの適切な段階に多様なステークホルダー（利害関係者）を

参加させる協調的なデザインアプローチとして，広がりを見せている．ファシリテーターを務めるデザイナーとともに，顧客やユーザーを利用体験のエキスパートとして迎え入れ，さらにリサーチャー，開発者，エンジニア，マネージャー，接客業務のスタッフなどが一緒になって，職種の違いや，部門の壁を横断してデザインの探求を行う．多くの場合，それらの異なるステークホルダーどうしの相互理解や連携を促すために，暗黙知を引きだす様々な視覚的表現や，協働してアイデアを発想するデザインツールなどが用いられる．

　現在，注目を集めつつ，しかし導入に障壁を抱えるデザイン思考も，企業が組織的にコ・デザインに取り組むために，デザインモードのエキスパートと非エキスパートとの，また問題解決に従事する者と意味形成を主導する者との連携を促す手段と位置づけることで，その有効な取り入れ方や活かし方がより明確になるのではないだろうか．

　本章は，近年のデザイン思考への期待やその導入にともなう困難を踏まえて，デザイン思考の土台にあるデザイナーの態度や文化について，さらに人間の持つデザイン能力やその活用について，その社会的，時代的な意義に目を向けて特徴づけた．デザインの方法への関心が高まる背景には，社会全体がデザインモードへと向かう今日の状況がある．そこでは，デザインの能力を用いる異なる動機や期待が，またその様々な担い手や能力が，既存の枠組みを超えて互いに交差し始めている．このような社会において，PART1 で理解したサービスの新たな考え方がいかなる意味を持ち，またビジネスにおけるデザインモードの展開とどう関わることになるのかを PART3 で見ていく．

コ・デザインのメリット

　スティーン，マンショット，デ・コニングらは，コ・デザイン（多様な分野の研究者，デザイナー，開発者，顧客やユーザーなどとの協働を通じて，デザインのプロセスの様々な工程に適用される集合的創造性）を応用するメリットについて研究を行い，それを次のような 3 つの側面に整理した[*].

① **プロジェクト自体に対するメリット**
　　創造的プロセスの改善，より適切なデザイン課題やサービスの
　　定義，デザインプロジェクトのより効果的で効率的な編成

② **顧客やユーザーに対するメリット**
　　提供される製品やサービスとユーザーのニーズや期待との整合
　　性，より良いユーザー体験や高い満足

③ **組織に対するメリット**
　　創造性の向上，顧客やユーザーのより深い理解，多様な専門領
　　域の間の協力関係，イノベーションへの情熱と能力開発

　また，著者らは，コ・デザインに参加する各ステークホルダーは，プロジェクトのはじめに，デザインプロジェクトを通じて達成したい目標と，期待するメリットを明確にして，それらの整合性を注意深くとっていくことの重要性を指摘する．そのためには，適切なデザインの手法を選び，最適な効果をもたらすように適用すること，また意図したメリットが実際に生み出されているかを適宜確認し評価すること，さらにその費用やリスクについても考慮していくことが大切であるとしている．

---

[*] Steen, M., Manschot, M., & De Koning, N.（2011）. Benefits of co-design in service design projects. *International Journal of Design,* 5（2）: 53-60.

PART 2 のまとめ

(1) 20世紀を通じて，デザインの対象は，シンボル，モノ，行為，そしてシステムへと広がりを見せたが，これらは相互に独立したデザインの領域ではなく，課題や機会を検討するレベルや側面の違いである．

(2) デザイン活動に共通する特性として，「厄介な問題」を対象とするという点が挙げられる．その本質は，問題に対する確実な条件づけや制約づけができない不確定性にある．

(3) デザインの活動は，期待する結果を前提に，問題の解釈と解決策の探索を同時に進めるデザイン・アブダクションの形式によって特徴づけられる．

(4) デザイナーはデザイン・アブダクションの実行において，「フレーム」と呼ばれる武器を用いる．ある問題状況にフレームを当てはめることを「フレーミング」，既存のフレームを別のフレームに置き換えることを「リフレーミング」と呼ぶ．

(5) デザイナーはすでに問題に応えるだけでなく，社会が暗黙のうちに前提にしている既存のフレームを積極的に疑い，新たに置き換えることで，ビジネスや社会の変革を導いている．

(6) デザイン思考は，ツールやメソッドだけでなく，不確実性の受容，ユーザーへの共感，五感の駆使，遊び心（チャレンジ精神），複雑性からの意味形成といった，デザインの態度や文化とともに育んでいくことが大切である．

(7) 人はみな，批判的精神，創造性，実践能力からなる基本的なデザイン能力を備えている．しかし，その能力は適切な刺激を受け，また鍛えられることで有効に発揮される．

(8) 現在は，過去の伝統や経験に従う「慣習モード」ではなく，個人や組織が自ら新たな可能性を追求する「デザインモード」が優勢になっており，あらゆる人のデザイン能力の発揮が期待されている．

(9) デザインモードの社会では，複雑化する課題に立ち向かうため，「問題解決のデザイン」と「意味形成のデザイン」，そして「非エキスパートのデザイン」と「エキスパートのデザイン」が相互に接近し，交差する傾向が強まっている．

(10) 今後の社会では，エキスパートのデザイナーが単独でデザインを行うのではなく，多様な職能や知識，経験を持つ人々の連携による「コ・デザイン」が中心となっていく．

PART

3

「サービスデザイン」とはなにか?

サービスデザインの誕生

サービスデザインは，ビジネスや社会を取り巻く環境の変化に対して，使用価値の共創やリソースの統合といった視点から事業の改善や改革，創出の機会を見つけだし，実現させるデザインの方法である．PART3 では，「サービスデザインの発展と現状」，「サービスデザインの実践方法」，「サービスデザインの事例」といった側面からその概要と特徴を紹介する．第 5 章では，まずサービスデザインがいかに誕生し，変遷を遂げ，また今日の姿として，どのような特徴を持つに至ったのかを説明する．

1　サービスデザインの歴史

(1) サービスデザインの誕生と確立

　サービスデザインが，新たなデザインの領域として表明されるようになるのは 1990 年代以降であるが，その起源は，1980 年代のリン・ショスタックによる，サービスのマーケティングやマネジメントの研究に遡る[1]．ショスタックは，研究者でありながら，アメリカのシティバンク銀行の副社長を務めた人物でもあり，当時のアメリカ経済のサービス化が進むなかで，サービス設計のための経営管

理的手法の必要性を説き，サービスをデザインするという考え方を打ちだした．ショスタックの考えるサービスのデザインとは，企業の経営者が，サービスの開発や導入に先立って，その全体像を客観的に把握し，合理的にその運用プロセスを管理することを意味している．ショスタックは，その実行手段として，サービスブループリントと呼ばれるサービスプロバイダーとユーザーとの相互作用の工程を視覚的に記述する方法を考案した．これは製造業の作業プロセスを扱う工学的手法から着想を得て，サービスの設計や開発，管理のために発展的に応用したものと理解できる．

　1990年代に入ると，ショスタックに始まる経営学的なサービスデザインの考え方や手法開発に触発され，ドイツとイタリアのデザイン教育機関を拠点として，サービスデザインをデザイン教育や実践の新たな領域として捉えようとする動きが現れる．1991年には，ドイツのケルン応用科学大学にデザイン学部が新設され，教鞭をとるミヒャエル・アールホフとビルギット・マーガーが，世界初のサービスデザイン教育プログラムを立ち上げた．また1995年以降，マーガーは自らをサービスデザインの教授と名乗り，同分野の国際的認知を広める中心人物となっていく．ただし，当時のドイツにおけるサービスデザインの認識は，その対象を無形のプロダクトとして扱おうとするもので，その焦点もデザインプロセスのマネジメントの側面に置かれていた．

　一方，1990年代のイタリアでは，工業デザインを専門とするミラノ工科大学のエツィオ・マンツィーニが，環境や社会のサステナビリティの観点から，製品の生産と消費に依存しないサービスの重要性を指摘し，そのためのデザイン文化を打ち立てる必要性を指摘し始める．この考え方は，ソーシャルイノベーションの思想や運動

とも連動し，サービスデザインの可能性と社会的役割の理解が進ん
でいくこととなった[2].

　その後，1998 年に，ミラノ工科大学でマンツィーニに師事した
エレナ・パセンティが，サービスデザインに焦点を当てた博士論文
を発表する[3]．その論文のなかで，パセンティは，サービスデザイ
ンをサービスとユーザーとのインタラクションをデザインする領域
として定義し，インタラクションデザインとのアナロジーによって，
その方法論を構築する新たな方向性を打ちだした．すなわち，それ
は人や道具，メディア，施設などのユーザーとサービスとの多様な
接点（タッチポイント）におけるインタラクションを包括的に扱うデザイン分野として
位置づけられたのである．そして，1999 年には，この考え方を実
践に展開すべく，パセンティとマンツィーニは，インタラクション
デザインの基本原理をサービスデザインへ応用するためのガイドラ
インを記している．その後，インタラクションデザインの基盤にあ
る人間中心デザインの考え方とともに，ペルソナ（対象とするユーザー
の特徴を架空の人格としてイメージやプロフィールで表す方法），ストーリー
ボード（ユーザーの利用体験を紙芝居のように絵コンテで記述する方法），ロー
ルプレイング（ユーザーの行為を実際にその役を演ずることで評価する方
法），サービスインターフェイス分析（サービスとユーザーが相互作用す
る複数の接点の役割や効果を包括的に評価する方法）といった，各種のイ
ンタラクションデザインのテクニックやツールが，実際にサービス
デザインのために適用され，それらを活用した実践事例も急速に増
えていくこととなった.

　1990 年代後半から 2000 年代にかけて，サービスデザインの教
育研究の流れは，イギリスや北欧，アメリカにも次第に展開してい
くが，それと時期を同じくして，デザイン・コンサルティング業務

としてサービスデザインを名乗る企業が登場する．2001 年には世界初のサービスデザイン・コンサルティング会社 Livework が創業し，2002 年には国際的なデザインファームである IDEO がサービスデザインを導入し，さらに 2003 年には，ロンドンを拠点とする Engine がサービスデザイン・コンサルティングの活動を開始した．また，2004 年には，ドイツのケルン応用科学大学，アメリカのカーネギーメロン大学，スウェーデンのリンシェーピン大学，イタリアのミラノ工科大学，ドムスアカデミーといった複数の国々のデザインスクールと，イギリスのデザイン・コンサルティング企業が中心となって，サービスデザインネットワークという名称のサービスデザインの普及啓蒙を行う国際機関が設立された．同組織は，その後毎年の国際大会の開催や定期的なジャーナルの発行などを続けており，2017 年 5 月時点において，日本支部（2013 年設立）を含む 20 の各国地域に支部が設立され，さらに 4 つの地域で設立が準備されている[4]．

（2）　サービスデザインの広がりと深まり

① インタラクションから共創へ

　ユーザーとサービスとのインタラクションをデザインするという考え方と手法の発展によって，その基盤と実践のスタイルを確立したサービスデザインであるが，2000 年以降になると，その関心の対象が大きく広がっていく．まず，ユーザーと特定のサービスプロバイダーとの 1 対 1 の関係に関心を集中させるのではなく，より多様な個人や集団，組織間のネットワーク的な関係性やインタラク

ションに注目してサービスをデザインする動きが現れてくる．この背景には，情報技術の発展と普及による，サービスのネットワーク化や複合化が挙げられる．このことは，タッチポイントの範囲の拡大にとどまらず，サービスの利用や提供に参加し，またそれに影響を及ぼす様々な主体の役割や，それを制約する規範や慣習，制度，文化といった側面も含んだ，より広い文脈においてサービスを捉えていく必要性を生みだす．その結果，多様なサービスへの参加者それぞれの認識や考え方と，その目標や活動の整合性をはかり，調和させていくことが，サービスのデザインにとって不可欠であるとする考え方が広まっていくこととなった．

　このような考え方の発展にともなって，サービスデザイナーの役割も，多様なタッチポイントにおけるインタラクションやそのつながりに焦点を当てたデザインにとどまらず，複数の利害関係者を結びつけ，そこに潜む様々な争点を明らかにし，共通の価値を探りだしていく活動へと展開していく．そのため，サービスに影響する多様な要素の関係性を記述するサービスエコロジーマップや，サービスの利害関係者の関係性を記述するステークホルダーマップといった視覚化の技法とともに，それらの利害関係者の対話を促し，サービスのシナリオを共同でデザインするワークショップの手法が開発され，頻繁に用いられるようになる．

　また，サービスデザインの扱う対象がこのように複雑化し，拡張していくのと同時に，サービスデザイナーは，ユーザーのコミュニティやプロバイダー組織のより深くまで入り込み，密接な関わりを持ちながら，デザインの活動を行うようになる．サービスデザインの今日における意義は，もはやコミュニティや組織に対して，デザインの専門家という立場で解決策を授けることにはない．むしろ，

人々に自らのデザイン能力や創造性に気づかせ，それを引きだし，活かすことによって，それぞれが対峙する変化や複雑性に立ち向かい，共に解決策を生みだせるようにすることが，その役割として強調されることになる[5].

② 組織のデザインへ

2006 年にイギリスのデザインカウンシルから発表された，『RED』と名付けられたサービスデザイン・プロジェクトの報告書は，「人々によって共同でデザインされたサービスとは，実際のところ，人々が活動的で健康的でありつづける自分らしい方法を自らの手で生みだすための，一連のルールやツールをともなうプラットフォームのことである」と指摘している[6]. このようなサービスデザインの考え方はトランスフォーメーションデザイン（変革のデザイン）と呼ばれることもあり，社会的進歩に向けて，コミュニティや組織が，自らを変革するための持続的な変化を生みだすことをねらいとする.

当然ながら，組織の創造性の向上や活用は，ビジネスにおいても極めて重要なテーマとなる. 特に，近年の変化しつづける経済環境のなかで，どのようにして組織のなかにイノベーションを生みだしつづける文化を醸成できるのか，という課題に大きな関心が集まっている. つまり，企業のリーダーたちは，個々のイノベーティブなプロジェクトの成功もさることながら，イノベーションを継続できる組織づくりにいっそうの期待を寄せているのである. このように，ビジネスの関心が，個々のサービスの開発を超えて，組織が自らのサービスを理解し，デザインし直すことへと向かうに連れ，サービスデザインは，組織開発や組織変革の問題にも密接に関わらざるを

えなくなる．そのため，デザインの活動を組織変革の文脈に位置づ
けることが要求され，その変革のプロセスにおいて，サービスデザ
イナーは，より大きな役割を担い始めている．

　このようなサービスデザインの対象の複雑化や規模の拡大，組織
への関与の深まりが徐々に進行するとともに，2010 年前後からは，
サービスデザインの国際的な認知も急速に広がり始める．またその
適用範囲は，民間，公共部門の様々な領域に拡がり，その用途も多
様化している[7]．

（3）サービスデザインにおけるサービスの理解

　以上に見たように，サービスデザインは，誕生期において，サー
ビスとユーザーのインタラクションを対象に，サービスをいかに
ユーザーとプロバイダー双方にとって望ましいものにするかを中心
的なデザイン課題と位置づけた．しかし，その後，特定のサービス
のプロバイダーとユーザーという固定的な関係性では捉えられない
状況が，ビジネスや社会において頻繁に現れてくる．まずデジタル
化や情報ネットワーク化の進展，人々の価値意識の変化，その他の
様々なビジネス環境の変化によって，モノとサービスの区分は概念
的にも，実質上も意味を失い始め，さらにかつての業種や業態の違
いを超えた新たなビジネスモデルも次々と誕生するようになる．ま
た，公共領域でも，サービスを提供する政府と，納税者としてそれ
を利用する市民という構図ではなく，市民やコミュニティがより積
極的に地域の課題に共同で取り組み，それを解決するサービスの実
現の一助を担う動きが広まる．

このような状況は，好ましいインタクラクションの設計という範囲を超えて，事業モデルや制度の再考をサービスデザインに迫ることとなる．そこでは，期待されるサービスにどのような個人や集団が，いかなる役割や責任で関与し，またどのような関係性を持つことが望ましいのかといった問題について，一緒に答えを見つけだす参加型のデザインプロセスが重要となる．そして，新たなサービスの実現に必要な業務や組織の改革を導き，またそれを継続的に行いつづけるという挑戦が突きつけられることになる．

　そのような変化を背景として，近年，本書の PART1 で見た S-D ロジックのサービスの捉え方が，サービスデザインの研究者や実務家の間にも浸透し始めている．それにともない，サービスデザインの対象も，単なるサービスのインタラクションではなく，ユーザーの活動や体験を通じた価値の共創や，それに必要な能力やリソースの適用や統合の仕組みへと変わりつつある．また既存の提供物や事業のカテゴリー，サービスプロバイダーとユーザーという関係性，さらに組織や部門の内外を隔てる壁，デザイナーと非デザイナーといった違いを越えて，目標や期待成果を起点として事業を新たに創造することへと，アプローチが発展している．

2 サービスデザインの6つの特徴

　1990年代の誕生以降，変遷を続けるサービスデザインであるが，S-Dロジックの考え方を踏まえて特徴を捉えると，それは，サービスの「文脈」「期待成果」「共創戦略」「利用体験」「舞台裏」「生態系」という6つのキーワードで整理できる.

(1) サービスの文脈

　事業の改善や改革，創出に取り組むためには，顧客の活動を通じて生みだされる価値の特性を，その「文脈^{コンテクスト}」に注目して理解する必要がある. ここでいう顧客価値の文脈とは，サービスの使用価値を生みだす要因のことで，様々なモノ，人，知識，技能，行為，環境，慣習や制度などを指す. PART1で述べたように，それらがリソースとして評価され，活用されるかどうかは常に相互依存の関係にあるため，「文脈」という表現が用いられる.

　ユーザーの活動が起こる文脈とモノやサービスの使用価値の関係については，第1章でレストランの例を用いて説明したが，デジタルカメラのような個別の製品に注目してみると，その意義をより直感的に理解できる. デジタルカメラといっても，商品として販売されている専用機器と，スマートフォンに組み込まれたカメラ機能とでは，その使用価値に大きな違いがある. 専用機器は高画質な写真が撮影でき，表現力を高める様々な機能がある. プロのカメラマン

なら，そうした専用機器を利用することになるし，趣味で使う人も多い．ただし，いくら高機能であっても，常に持ち歩いていなければ，撮影したいシーンに出会ったところで，その価値が生みだされることはない．

　最近のスマートフォンのデジタルカメラの画質向上も目覚ましいが，その強みは，多様な利用の文脈に入り込める点にある．つまり，スマートフォンのカメラは常にユーザーの手許にあり，ユーザーが予期しない場合も含めて，様々な場面で直ちに使用できるようにスタンバイできている．例えば，観光地で人や景色を撮影する，レストランで食べ物を撮影するといった場面だけでなく，筆記用具の代わりにイメージでメモをとるといった状況も思い浮かぶ．しかも，ソーシャルメディアのアプリと組み合わせて利用すれば，撮影した写真を直ちに加工して，仲間と共有し，メッセージを交換することもできる．

　サービスデザインは，プロバイダーが提供するモノや行為がどうあるべきかを問う前に，ユーザーの活動の文脈的な理解を優先する．そして，その文脈を構成する様々なモノや環境，人々の行為や知識，技能を，より望ましい成果が生みだされるように結びつけ，それらの能力を引きだし，統合する．そうすることで，既存の提供物やそのカテゴリーに囚われない発想が促されるようになる．

サービスユーザーの文脈

　ユーザーの文脈を詳細に捉えるには，いく通りかの方法があるが，こ
こでは，サービスマーケティングとサービスシステムの研究者である
ウォーリック大学のアイリーン・ンムのモデルを紹介しておこう*．ンム
によると，活動の文脈は，以下の相互に関係し合う 5 つの要素によって
特徴づけられる．

① 焦点と文脈の範囲

　例えば，「紅茶を入れる」といった行為の文脈を考えた場合，アフタヌー
ンティーの習慣があるイギリス人の立場で考えるのか，普段コーヒーば
かり飲んでいるアメリカ人の立場で考えるのかによって，それに対する
親しみ，理解の度合い，生みだされる価値の内容や評価も大きく異なる．
また，その範囲についても，紅茶の産地や，紅茶を入れるために使用す
る道具の生産者，使用する水がどのようにして家庭に届けられているか
など，際限はないため，一定の境界を設けることで，デザインの焦点を
定める必要がある．

② 物理的な要素と人的な要素

　価値創造の文脈は，それに影響する人，場所，モノ，環境の条件など
によって構成されている．例えば，「友人と庭で紅茶を飲む」といった場
合，その構成要素には，ティーカップとソーサー，お茶，ティーポット，
ケーキとその器，椅子とテーブル，日光，庭，そして一緒にお茶を楽し
む人などが含まれるだろう．これらの要素は，価値創造の主体によって，
潜在的な使用価値 (リソース) として認識されており，その主体が働きかけ，
また相互に組み合わせて使用することによって，それぞれの価値が実際
に生みだされる．

③ 価値創造の実践と制約・ルール

　使用価値を生みだす文脈は，使用するモノに対する振る舞いや発言などを含んだ実践的な行為としても理解できる．例えば，ティーポットの使用価値について考えるとき，当然，それに備わる機能が使用される．気に入った茶葉やティーカップの選択や，ティーカップを適切な温度に温めておくこと，さらに紅茶に入れるミルクや砂糖の準備など，その他の様々な要素への働きかけが，ティーポットの使用価値に大きな影響を与える．また，「友人と庭で紅茶を飲む」という行為の持つ社会的，文化的な意味もその使用価値に影響を及ぼす．

　このような価値創造の実践は，様々な社会的なマナーや習慣，規範を前提として行われるが，それらの社会的なルールや習慣は，人々のモノの使用や，人との接し方，活動への取り組み方に制約を与えることになる．ミルクティーを入れるときのミルクとティーバッグを入れる順序といった単純なことから，子どもの育て方といった複雑なものまで，ルールや規範は様々な日常の行為の実践に組み込まれており，またそのような実践を通じて社会的に共有され，形成，維持されていく．

④ 価値創造の主体

　ティーポットを使ってカップ一杯の紅茶を入れるという行為も，その利用者が正しく使うための知識や技能を持っていること，それを発揮できると認識していること，またそれを実行しようとする意思を持っている必要がある．そのような積極的な行為の主体性（エージェンシー）によって，様々な資源への働きかけがなされ，それらの使用価値が生み出される結果として，期待通りの（または期待とは異なる）成果がもたらされる．もちろん，そのような行為の主体性も，例えば，ある場所で仕事をしようとしたときに，十分な明るさが得られないといった場合や，仕事中にソーシャルメディアを利用しようとしたところ，隣の上司の目が気になってできないという場合のように，他の主体によって制約を受ける．

⑤ 価値共創によって創発する成果

どのようなモノや行為も，それ単独で価値を生むことはない．例えば，朝食における食パンの使用価値も，ジャムやジュース，家族との会話などによって生みだされる．異なる要素の組み合わせの結果として「気持ちの良い家庭の朝食」という成果が創発することになる．また，そのような創発が繰り返されることで，価値創造の文脈は持続性や再現性の高いものとなっていく．

以上の説明からわかるように，日常生活の文脈において，行為や体験を通じて価値が生みだされるのだが，意識的にせよ，無意識的にせよ，その文脈は，その活動をする人々によってデザインされている．しかし，それと同時に，その活動に関与する他の主体もまたその文脈のデザインに参加し，さらに文脈における体験から成果が生みだされるプロセスに参加している．

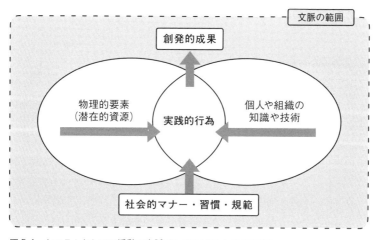

図 5-1　システムとしての活動の文脈（Ng 2014 にもとづいて作成）

* Ng, I. (2014). *Creating New Markets in the Digital Economy: Value and Worth.* Cambridge: Cambridge University Press.

（2）サービスの期待成果

　ユーザーのサービスへの期待やサービスの利用を通じて達成したい成果をどう捉えるかによって，求められるサービスの役割やその意味が大きく変わる．そのような，ユーザーの「期待成果<ruby>」<rt>アウトカム</rt></ruby>のフレーミングの重要性について，子どもの学習塾のサービスを例にして説明してみよう．

　一般的に，学習塾の目的は，子どもの学力を高める教育サービスを提供することであり，その多くが，子どもの受験合格を期待して利用されている．もし学習塾に来る子どもがみな一定レベル以上の基礎学力を備えており，勉強に上手く動機づけられていれば，受験に役立つ知識や問題の解法を効率的に教えることが，サービスの主な役割となる．ところが，子どもによって学習への意欲が異なり，また知識の理解度，苦手意識などに科目やトピックごとに大きな違いがあり，さらに勉強に関して様々な悩みを抱えている．そうすると，子ども一人ひとりに対して，個別にカウンセリングや動機づけを行い，勉強方法の指導や苦手意識の克服などの対応をとることが望ましい業務内容となる．

　一方，知識や解法を身につけるだけでなく，自ら疑問を投げかけ，自分の考えを表現し，さらに仲間とともに学び合う力を養うことが，学習塾を利用する子どもや親にとってより重要な期待成果となったとしよう．この場合の学習塾の役割としては，子どもが身体を動かしながら学ぶ体験学習，工作やディスカッションを通じて学ぶワークショップ型学習，さらに学んだ内容を大人に発表するオリジナルのイベントを開催させる企画型学習といった，新しい教育メニューの提供が考えられる．このように，子どもの学習塾といっても，そ

のユーザーや顧客の期待する成果の捉え方によって適切な業務の内容は大きく変わってくる.

（3） サービスの共創戦略

　ユーザーの活動の文脈にサービスが寄与する方向性としては，大きく，「活動の負担軽減」（relieving）と，「新しい活動の機会付与」（enabling）の二つがある．前者は，ユーザーがこれまでやりたくないのにやらなければならなかった作業を減らしたり取り除くことを，後者は，やりたくてもできなかった活動をできるように支援することを意味する．例えば，自分の子どもの誕生日にケーキを用意するのに，洋菓子店でケーキを購入することは，自分で一からケーキをつくって焼く負担を軽減する．一方，家庭用のケーキミックスやオーブンを購入すれば，自分でオリジナルのケーキをつくる機会が付与されたことになる.

　様々な人々の活動に対して負担軽減や機会付与の方法が生みだされているが，これらの二つのアプローチは決して二者択一でも，相反するものでもなく，実際は両者が組み合わさって効果をもたらす場合がほとんどである．例えば，カーナビゲーションのシステムは，ドライバーが走行ルートを事前に調べておく作業や，車を停めて道路地図を確認するといった負担を取り除く効果を持つ．それと同時に，不案内な土地でも車を気軽に運転できるようになり，以前よりもドライブで出かけるようになったとすると，それは機会付与の効果をもたらしたと考えられる.

　また，いずれのアプローチをとる場合も，人々の多くの活動は単

純な引き算や足し算のように扱うことはできない．常に相互に影響し合うという意味で，顧客の活動文脈はシステムの性質を持つ．様々な業務のアウトソーシングはビジネスの業務負担を軽減するサービスと考えられるが，ある業務のアウトソーシングの結果，その業務と関連して築き上げてきた重要な文化的なリソースが組織から失われるといった事態が生じることもある．また，第 2 章で見た IKEA 効果のように，顧客の負担が増大することが，かえって顧客の満足度を高める可能性もある．一方，多くの製品が人々に好ましい活動の機会を付与するが，それには，その利用者が製品を適切に利用する知識や能力を持つことが前提となり，顧客の関与も必要となる．

　したがって，プロバイダーからユーザーへ提供される個々のモノや行為が，どのように負担を軽減し，また機会を付与するかを超えて，どのように相互に連携し，ユーザーの知識や技能，そして主体性や意思と組み合わさって，最終的に望ましい成果が得られるかを考えることが重要である．

（4）サービスの利用体験

　サービスの活動文脈の理解，さらに顧客の成果の達成に向けたプロバイダーとユーザーとの共創機会やその実現方法の検討を行いながら，それを実行する仕組みを徐々に具体化させていく．そのとき，まずサービスを「利用体験（エクスペリエンス）」の側面から理解し，組み立てることになる．

　サービスによって共創される価値は，常にそのサービスの利用体験を通じてユーザーに知覚，認知され，評価される．サービスデザ

インは，そのような体験的な価値の特性を把握するため，ユーザーがサービスを利用するプロセスを，その一連の行為と，それにともなう思考や感情，記憶に注目しながら検討していく．しかし，サービスの利用体験は主観的なものであり，インタビューやアンケートで間接的に知ることができたとしても，外部から直接観察することや，設計することはできない．そのため，サービスデザインでは，サービスの利用体験に影響を及ぼす様々な人やモノ，情報，環境とユーザーとのインタラクションを観察あるいは予想し，またときにその声を聞くことでユーザーの体験に共感するように努める．その意味で，サービスデザインは，ある登場人物（サービスのユーザー）を主人公とする体験を物語のように読解し，またその筋書きを意識的に書き換えていくプロセスとしても理解できる．

　ユーザーの体験を物語のようにデザインする意義は，単にユーザーへの共感を促すだけでなく，人間が体験をどう記憶にとどめるのかという点にプロバイダーの注意を向かわせることにある．心理学の研究によると，個人の記憶にもとづく体験の評価は，その体験の最中に起こる個々の出来事の評価や，それらを総合して行われるのではなく，最も好ましく感じられた瞬間の印象と，その体験が終わるときの印象によって決定されることが明らかになっている．このような記憶によるサービスの評価が重要なのは，その記憶がサービスをふたたび使用しようと促し，さらに継続的な利用を通じてポジティブな記憶が蓄積されることによって，そのサービスに対する評価や期待がいっそう上がっていくという好循環を生むためである．したがって，サービス体験のデザインにあたって，ユーザーの体験の進行が支障なくスムーズに流れていくことに配慮するだけでなく，体験のピークとエンドの質の向上に焦点を当てていくことが

ポイントとなる.

(5) サービスの舞台裏

　サービスデザインでは，サービスの組み立てを「フロントステージ」と「バックステージ」という二つの世界から検討していく．サービスのフロントステージとは，ユーザーとプロバイダーとが，接客スタッフなどの人，道具や機器，店舗や施設などを通じて相互作用する領域を表している．これに対して，サービスのバックステージとは，顧客の目に触れないところで展開するオペレーションの領域のことで，接客スタッフのサポートやマネジメントの業務，それらを支えるインフラ情報システムなどによって構成されている．

　このような二つの世界によるサービスの構成は，厨房と飲食フロアが分離されたレストランをはじめとして，様々な管理業務を行うバックヤードと接客スペースが仕切られた店舗や施設では一般的である．また，スマートフォンやパソコンを利用したサービスでも，ユーザーとサービスのインターフェイスを通じたインタラクションと，ユーザーからは見えないローカルやリモートの計算領域で実行されるデータ処理のプロセスとを区別できる．

　一方で，日本の屋台や寿司屋のカウンター，あるいは銀行の店舗などのように，フロントステージとバックステージをはっきりと区別できない場合もある．また近年は，バックステージの障害や失敗がすぐさま世の中に知れ渡るということもめずらしくなく，そこでの業務を顧客やメディアから完全に閉ざして事を進めることが容易ではなくなっている．これと反対に，企業がバックステージの存在

や業務の様子を積極的に顧客に知らしめることで，サービスへの信頼感を高め，また従来バックステージで実行されていた一部のプロセス（サービスの新しい企画や改善策の検討など）に顧客を関与させて，ロイヤリティや満足度を高めるといった試みも増えてきている．

　新たなサービスの導入は，スタッフの意識や行動に変化を要求することになるが，近年は，接客スタッフを含めて，バックステージで働く従業員の体験を重視する意識が高まってきている．ユーザーへの共感がより良いサービスの検討にとって不可欠となるように，従業員の業務体験への共感にもとづく働き方や組織の検討なくして，理想とするサービスの提供は実現しない．

（6）サービスの生態系

　サービスのあるべき姿を体験や実行の仕組みから検討していくのと同時に，その事業化のために，サービスの実現や運営に関与する様々な人や組織の役割や，相互の関係性を制度化していく必要がある．

　一般的に，サービスの事業モデルを検討する場合，その事業の提案価値（バリュープロポジション）とユーザーとの関係をはじめ，それを補完するサービス，サプライ品やインフラを提供する事業主体などとの関係の構築についても検討されることになる．ただし，そのような関係構築は，垂直的なバリューチェーンの発想ではなく，利害関係者の持つ多様なリソースを統合し，あるいは分離して再統合することで，どのように新たな価値を共創できるかという視点で行うことが重要となる．

　第1章で指摘したように，IoT化の進展によって，多くのハード

ウェアの製品は，ソフトウェアや通信，データやクラウドなどとの結合が前提となり，それによって，単独の製品を使用するよりも高い水準の使用価値の創造や成果の達成に寄与できるようになる．また，第2章で触れたように，世界中で急速に広がるシェアや個人間取引のプラットフォームは，個人の所有する住宅や自家用車などの製品，あるいは隙間時間の労働力などを，他の個人の価値創造のリソースとして顕在化させ，実際のアクセスを可能としている．情報技術の発展が牽引するこれらの変化は，個々の製品やサービスの生産や販売に焦点を当てて築かれてきた，既存の事業ドメインの存続自体を危機にさらすリスクを高めており，その事業の根本的な再考を促している．

　さらに，今日の社会におけるサービスの事業化は，ビジネス上の取引にとどまらず，研究機関や業界団体，政治機関，地域コミュニティなどとの関係性や，国家や地球環境などとの関係も視野に入れなければならない．例えば，今後の拡大が予想されるヘルスケアへの需要については，医療機関だけで対応することが困難である．そのため，医療，介護，予防，住宅，生活サポート，就業支援といった様々な領域の事業主体とともに，地域のコミュニティ，ボランティア，生活者が相互に連携を進めていく必要があり，実際に様々な地域でケアサービスを包括的に実現する体制の整備が進められている．当然，そのような多様なステークホルダー間の地域連携を支える基盤として，地域における社会的な信頼や協調関係，コミュニティのアイデンティティといったソーシャルキャピタルの形成が求められるようになる．

　今後の社会において様々なサービスを事業としてデザインするにあたり，既存の事業の枠組みを超えていくこと，そして収益構造に

着目したビジネスモデルの構築という範囲を超えて，より広い視野で，持続性の高いサービスのエコシステムをつくりあげていく発想が重要となる．

　本章では，サービスデザインの成り立ちと発展の経緯を歴史的に踏まえ，その特徴をつかんだ．次章では，いよいよ，その実践の方法に目を向けることになる．

サービスデザインの実践

第 6 章では，実際にサービスデザインがどのように実践されるのかについて，そのプロセスや手法に焦点を当てて解説する．まずデザインに特有の，アイデアの発散と収束を繰り返すダブルダイヤモンドのプロセスを理解し，次に 3 つの基本的なサービスデザインのツールについて特徴をつかむ．

1　サービスデザインのプロセス

　サービスデザインのプロセスの説明によく用いられるのが，イギリスの公的機関であるデザインカウンシルによって 2005 年に提唱された，「ダブル・ダイヤモンド」である．このモデルは，デザインカウンシルの研究者が 11 の国際的企業のデザイン部門（レゴ，マイクロソフト，ソニー，スターバックス，ヴァージンアトランティック航空，ゼロックス，ヤフーなど）を対象とした調査にもとづいて作成したものである．これら企業のデザインチームに共通するデザインのプロセスを構造化しており，デザインの対象の違いを超えて適用できる．そのプロセスの構造は，「発見」（Discover），「定義」（Define），「展開」（Develop），「実現」（Deliver）という 4 つの段階によって構成されるが，「発見」と「展開」のフェーズが拡散的な探求モードで実行される

のに対して，「定義」と「実現」のフェーズは収束的な探求モード
で実行される点に特徴を持つ．そのため，プロセスの全体像を視覚
的に表現すると，二つのダイヤモンド（ひし形）を左右に並べた形
状となる（図6-1）．

　以下，それぞれのフェーズで，どのようなデザインの活動が行わ
れるかを見ていこう．

（1）発見段階

　発見の段階は，様々なひらめきやインサイト（サービスの機会検討
に役立つユーザーの認識や欲求についての知見）を集め，ユーザーのニー
ズを特定して，デザインの扱う問題状況について理解を深める．デ
ザインプロジェクトのメンバーにとって，このフェーズは，できる
だけ視野を広げ，多くの考え方や，関連する様々な要因に目を向け
ることが重要となる．その活動として，市場調査やトレンド分析，
ユーザー調査やフィールドワークを通じて適切な問いを投げかけ，
仮説の構築を行う．それらを通じて問題の解釈，ユーザーニーズの
理解，デザイン機会の検討がなされ，解決策を検討する範囲が設定
されることになる．市場調査やトレンド分析には，一般的なマーケ
ティング調査の手法が用いられるが，ユーザー調査の手法としては，
主に「デザイン・エスノグラフィー」[1]と呼ばれる質的調査のテクニッ
クが用いられる．
　発見段階で用いられる情報ソースの選択はプロジェクトによって
異なるが，多くのデザイナーに共通するのは，ユーザーの行動，認

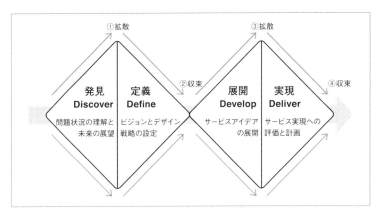

図 6-1　ダブル・ダイヤモンド

識,ニーズの理解を重視する「人間中心デザイン」[2]のメンタリティ
である.実際,発見フェーズのユーザー調査を,リサーチャーだけ
でなく,デザイナー,サービスの開発担当者,技術者などが共に実
施することで,より深いインサイトや,より良いサービスのアイデ
アの気づきを,早く手に入れることができる.しかし,その一方で,
ユーザーはよく知った何かに 反応することは得意であるものの,
まったく新しいサービスのコンセプトを生みだすには,それほど寄
与できないとの指摘もある.したがって,革新的イノベーションを
目指すプロジェクトでは,未来のビジョンを重視し,コンセプト開
発の段階にはユーザーを参加させないという判断も必要となる.

(2) 定義段階

　定義の段階では,発見段階で獲得した知見,インサイト,組織の

目標や指針などを相互に照らし合わせ，分析し，重みづけることでデザイン的挑戦のテーマをフレーミングする．また，それに取り組む実行可能なタスクとともに，「デザインブリーフ」[3]と呼ばれる仕様書を取りまとめることになる（表6-1）．つまり，定義段階のねらいは，問題およびその問題に取り組むための計画を明確に設定することにある．その手続きとして，プロジェクト開発，プロジェクトマネジメント体制の整備，プロジェクト開始の正式な承認といったことが行われる．

また，このような取り組みのなかで，プロジェクトのメンバーは，問題の解決策に影響を及ぼす要因について認識しておかなければならない．特に，組織内での，さらに組織を超えたより広い文脈におけるプロジェクトの位置づけが重要となる．それには，組織の財政

表6-1　デザインブリーフの例

デザイン・ブリーフ（○○の新規サービス企画提案）	
プロジェクト概要	○○○○○○○○○○○○○○○○○○○○○○○○○○○○ ○○○○○○○○○○○
ねらいと範囲	○○○○○○○○○○○○○○○○○○○○○○○○○○○○ ○○○○○○○○○
探求課題	○○○○○○○○○○○○○○○○○○○○○○○○○○○○ ○○○○○○○○○○○
対象ユーザー	○○○○○○○○○○○○
調査計画	○○○○○○○○○○○○○○○○○○○○○○○○○○○○○○○○ ○○○○○○○○○○○○○○○○○○
期待される成果	○○○○○○○○○○○○○○○○○○○○○○○○○○○○○○○○ ○○○○○○○○○○○
成功の評価尺度	○○○○○○○○○○○○○○○○○○○○ ○○○○○○○○○○○○○○○○○
プロジェクト計画	○○○○○○○○○○○○○○○ ○○○○○○○○○○○○○○○○○

状況やプロジェクトへの投資の範囲，競合サービスの動向，社会や経済の状況などが含まれる．また，デザインチームは，組織の技術力を踏まえた実行可能性についても把握しなければならず，組織内の他の専門家や部門とのコミュニケーションが重要となる．そのような組織内のコミュニケーションは，プロジェクトがどの方向に解決策を展開していくかを判断するフィルターとして作用する．

（3）展開段階

　展開の段階では，組織的かつ財政的な支持を受けてプロジェクトに着手することになる．ここでは，デザインチームは，エンジニア，開発者，プログラマー，マーケティング担当者など，関連する組織内のパートナーや，外部のデザインエージェンシーなどとの連携によって，発見段階や定義段階で設定された問題を解決するためのコンセプトを展開していく．その過程では，ブレインストーミングやアイデアの視覚的表現，またプロトタイプの制作を通じたアイデアの改良といった様々なテクニックが用いられる．特に，ユーザーペルソナ（図 6-2），ユーザー体験のストーリーボード（図 6-3）やロールプレイング（図 6-4），サービスを構成するシステム図（図 6-5）などが頻繁に用いられる．この段階のゴールは，サービスの開発を実装の段階にまで持ち込むことであり，そのためにコンセプトのプロトタイプを行い，その改良を繰り返すことで，最終的に実装するものへと近づけていく．

　また，このプロセスにとって重要なのが，複数の専門領域を横断するチームの編成で，多様な観点からの情報のインプットや助言が，

サービスの仕様を確定するうえで貴重となる．そのようなコミュニケーションの促進のためには，部門間の壁を取り除くことが不可欠となるが，それによって，プロジェクトにともなう潜在的な問題点やボトルネック，進行の遅延の可能性などに気づくことができ，結果として問題解決のスピードアップをもたらすことになる．

（4）実現段階

　実現段階では，最終的なテストを通じてデザインのコンセプトが確定し，組織的な承認を得た後に，サービスが実装を経て市場に投入されることになる．

　デザインの実現段階では，実装にかかる前に，最終的な制約や問題点の有無を確定すると同時に，サービスを，設定された基準や制約に対して評価することになるが，さらに失敗に対する試験などを実施する場合もある．また市場投入に際して，マーケティングやコミュニケーション，ブランディングなどの部門のチームとの連携もとられる．

　さらに，市場投入後には，デザインチームに対してサービスの実際の成功度合いについての報告が求められることがある．その目的は，サービスにおけるデザインのインパクトを証明することにある．デザインの貢献を示すことによって，その評価とともに，プロジェクトチームの信頼と組織にもたらす価値を獲得できる．インパクトの測定には，組織内の消費者インサイトや，調査またはマーケティング部門による顧客満足度評価を用いて，満足度の変化とデザインの投入の関係を示す方法が用いられる．

山田　太郎　（社交的トラベラー）

〔特徴〕　スポーツマン
〔性別〕　男性
〔年齢〕　29歳
〔住所〕　東京都渋谷区

サービスの利用動機・欲求
○○○○○○○○○○○○○○○○○○

サービス利用を通じて達成しようとする目標
○○○○○○○○○○○○○○○○○○○○
○○○○○

現在かかえている課題や不安など
○○○○○○○○○○○○○○○○○
○○○○○○

特徴的な発言
「○○○○○○○○○○○○」

図 6-2　ユーザーペルソナの例

1. 未来のオフィスでは，様々な業種の人々が共に働いています．

2. 彼は優秀な科学者で，プロジェクトチームの責任者です．

3. しかしコミュニケーション能力は乏しく，同僚と時折衝突が生まれます．

4. コミュニケーションを取ろうと試みますが，溝は深まるばかりです．

5. そこへ，若く才能溢れたリサーチャーがチームへ新たに加わりました．

6. 彼女はすぐにチームの中心になり，彼は完全に孤立してしまいました．

図 6-3　ストーリーボードの例

図 6-4　ロールプレイングの様子

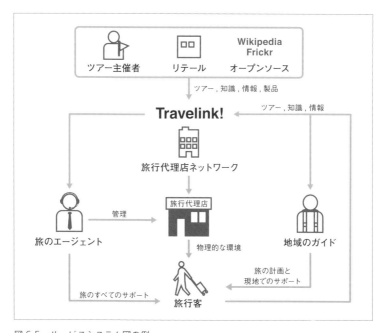

図 6-5　サービスシステム図の例

2　サービスデザインのテクニック

　その発展の経緯から，サービスデザインはインタラクションデザインの方法を支える人間中心デザインの考え方やテクニックに強く影響を受けている．実際，ユーザーを架空の人格として表現する「ペルソナ法」や，ユーザーの体験の流れを紙芝居のように描く「ストーリーボード」など，利用するテクニックやツールにも，インタラクションデザインと共通のものが少なからずある．また，プロバイダー組織やビジネスモデルに関連する検討の場面では，マーケティングやマネジメントの考え方や手法も積極的に取り入れている．したがって，デザインのテクニックやツールに着目すると，サービスデザインと周辺領域の間に必ずしも明確な境界があるわけではない．実際，プロジェクトの内容やそのプロセスにおける手法の活用の目的，取得可能な情報，プロジェクトを推進するデザイナーの経験などに応じて，適切なものを選ぶことになる．また，サービスデザインで用いられるテクニックやツールには厳密な形式が定められているわけではなく，基本的な構成を踏襲しながらも，利用目的に応じて柔軟に改良やカスタマイズがなされている．

　サービスデザインは，単に個々のモノや人，情報とユーザーの相互作用だけでなく，それらを含んだ，顧客の目標の達成に関わる全体を対象とする．したがって，それは各種の行為や相互作用の時間的，空間的なつながり，また様々な主体どうしの人間的，組織的な関係性といった複雑なシステムを扱うことになる．また，一般的に，サービスデザインのプロジェクトでは，特定の専門的デザイナーだ

けでなく，サービスの利用や提供に関わるステークホルダーがプロセスに参加し，それぞれの関心の相互理解や，その間の対立や協調，連携について検討しながら，共同でデザインを行うことを重視している．そのため，サービスデザインで用いられるテクニックやツールには，そのようなシステムの部分と全体の関係性の把握や，各ステークホルダーの相互理解が促されるような視覚化の工夫が見られるものが多い．

　以下では，サービスデザインの実践にとって基本的な，「ジャーニーマップ」「サービスブループリント」「ステークホルダーマップ」の3つのツールについて，それぞれの利用テクニックの特徴と合わせて紹介する．これら3つのツールは，第5章で述べた，サービスを捉えるための，「利用体験」「舞台裏」「生態系」という3つの基本的な視点に対応している．

(1) ジャーニーマップ

　「ジャーニーマップ」は，カスタマージャーニーマップ，エクスペリエンスマップなどとも呼ばれ，ユーザーの体験を旅の行程（ジャーニーと呼ばれる）のように時間軸に沿って連続的に記述することからその名がついている．その記述形態には様々なものがあるが，いくつかの基本要素が挙げられる．図6-6は，Adaptive Path（アダプティヴ・パス）社のデザイナー，クリス・リスドンがレイルヨーロッパ社のオンライン旅行代理サービスを改善するプロジェクトで利用したものである[4]．当時，同社のサービスはすでに高い評価を得ていたが，本プロジェクトでは，ユーザー視点での現行サービスの利

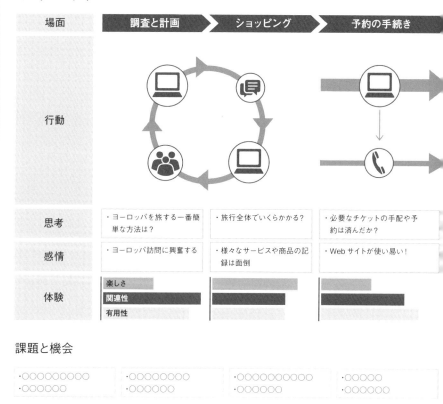

デザインの指針となるユーザー体験の特性

便利で簡単で自由が利くという
理由で人は鉄道旅行を選ぶ

鉄道チケットの予約は
旅の行程のほんの一部に過ぎない

カスタマージャーニー

場面	調査と計画	ショッピング	予約の手続き
行動			
思考	・ヨーロッパを旅する一番簡単な方法は？	・旅行全体でいくらかかる？	・必要なチケットの手配や予約は済んだか？
感情	・ヨーロッパ訪問に興奮する	・様々なサービスや商品の記録は面倒	・Web サイトが使い易い！
体験	楽しさ 関連性 有用性		

課題と機会

・○○○○○○○○○
・○○○○○○

・○○○○○○○○
・○○○○○○

・○○○○○○○○○○
・○○○○○○

・○○○○○○
・○○○○○○○

図 6-6　レイルヨーロッパのカスタマージャーニーマップ（Risdon 2011 にもとづいて作成）

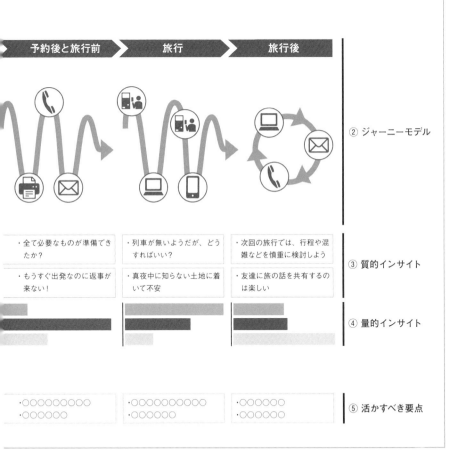

① レンズ

人は時間をかけて
旅の計画をつくっていく

人は丁重で、効果的で、
親しみを感じるサービスを評価する

② ジャーニーモデル

予約後と旅行前　　旅行　　旅行後

③ 質的インサイト

・全て必要なものが準備でき
たか？

・もうすぐ出発なのに返事が
来ない！

・列車が無いようだが、どう
すればいい？

・真夜中に知らない土地に着
いて不安

・次回の旅行では、行程や混
雑などを慎重に検討しよう

・友達に旅の話を共有するの
は楽しい

④ 量的インサイト

⑤ 活かすべき要点

・○○○○○○○○○
・○○○○○○

・○○○○○○○○○
・○○○○○○

・○○○○○○○
・○○○○○○

用体験の評価を通じて，今後の予算や技術資源の配分を検討することがねらいとなった．そのため，リスドンのデザインチームは 2,500名を超える同社のサービス利用者にアンケート調査を行うとともに，自らフィールドワークを実施し，それらの結果にもとづいてジャーニーマップを作成した．

　リスドンは，ジャーニーマップが効果を発揮するための二つの条件を指摘している．その1つは，ユーザーリサーチの結果から導かれた内容がすべて簡潔に1枚のマップに収められていて，特別な説明や正当化を必要とせずに，デザインチームやクライアント企業の組織内に回覧させられるという点である．Adaptive Path 社では，通常それらの 網羅すべき情報の一覧性を得るため，横幅が5フィート（約1.5m）より大きなサイズでマップを作成している．2つ目の条件は，そのマップに次のデザインアクションを引き起こす情報（デザインの課題や機会など）を記入するという点であるが，これはジャーニーマップが結論や成果でなく，あくまで次なるプロセスの触媒として用いられるべきものであることを意味している．

　実際のジャーニーマップの作成については，①レンズ，②ジャーニーモデル，③質的インサイト，④量的インサイト，⑤次に活かすべき要点の5つの構成要素を順に記載していくが，それらの内容は以下の通りである．

① レンズ

　レンズは，この図の最上位の層に配置されているが，ジャーニーマップを描く視点もしくはそれを評価する視点のことで，ユーザー特有の体験が重要と判断された場合には，その特性が要約されて記載されることになる．また，同サービスが実現すべき中心的な提案

価値や，デザインを行う際の基本方針をレンズとして掲げ，個々の
サービスとユーザーのタッチポイントを評価する基準として用いる
こともある．

② ジャーニーモデル

　レンズのすぐ下に配置されているのがジャーニーモデルである．
一般にカスタマージャーニーや体験ジャーニーと呼ばれる内容に相
当するが，「ジャーニーモデル」という表現が用いられるのは，記
述しようとする体験の種類に応じて，それにふさわしい表現形態
を工夫すべきであることを示唆している．例えばこの図では，サー
ビスで利用するチャネル（パソコン，スマホ，店舗など）が体験の場面
ごとに切り替わる状況に注目してジャーニーを描くことで，各チャ
ネルが異なる体験場面の間で上手くつながっていない部分を検出
し，また体験全体の流れのなかで充分に考慮されていない要素が残
されていないかを確認できる．このように，ジャーニーは単純にそ
のユーザーの体験ステップを描き並べるのでなく，着目する属性を
明確にしてモデル化を行うことが重要である．

③ 質的インサイト

　ジャーニーモデルの下に配置されている質的インサイトとは，
ユーザーの意識や感情についての記述を指す．例えば，「これを使
えるだろうか？」「これは上手くいくだろうか？」といったユーザー
の考えを表す表現や，「この感じが好きだ」，あるいは，フラストレー
ション，満足，悲しさ，困惑といった感情要素を表す表現であり，個々
のタッチポイントの重要度や価値を評価するうえで不可欠な項目と
なる．

④ 量的インサイト

　質的データと同様に，量的データを補完することで，ユーザーの利用実態の理解の程度をさらに深められる．この図のように，レイルヨーロッパ社のプロジェクトでは，アンケート結果からジャーニーの段階ごとに，楽しさ（Enjoyability），関連性（Relevance），有用性（Helpfulness）の3つの尺度で測定した結果をグラフ化して，質的インサイトの下に掲載しているが，特に関連性の度合いと有用性の度合いを比較することで，それが求められている程度と，実際の有効度とのギャップを明らかにできる．

⑤ 活かすべき要点

　前述のように，ジャーニーマップは結論でなく，触媒としての役割を持つため，次なるデザインや戦略策定を導くような要点を記載すべきである．マップの一番下の層に記述されている．その可能性としては，サービスを改善し，より良いものにするためのデザインの機会や，現状のサービスの問題点，提言などが考えられるが，何を記載すべきかの判断は，実際のデザインプロジェクトとして次にどのような段階が想定されているかによってなされるべきである．

　以上の5つの要素は，いずれもジャーニーマップとして記入しうる基本的なものであるが，必ずしも常にこれらの要素すべてを満たさなければならないというわけでなく，一つのガイドラインとして理解できる．

ジャーニーマップの使い方

　特定の商品の販売や施設の運営を行う企業が，顧客のジャーニーマップを記述する場合，自社の商品や店舗などの利用を中心に顧客の体験を捉えて，マップを描こうとしがちである．もちろん，そのようなジャーニーマップを利用して，自社の現状の取り組みを振り返り，課題や改善の機会を発見することもできる．ただし，S-D ロジックの考え方に立てば，顧客にとって自社の商品の選択や施設の利用は，あくまでその先にある成果を得るうえでの一手段に過ぎない可能性が高い．そこで，顧客が追求する成果や活動の目標にテーマを設定して，自社の製品や活動とともに，他の企業や知人などからの提供物にも目を向け，それらが顧客自身の知識や技能の働きかけによって，一連の顧客体験のなかで結びつけられていく状況をジャーニーマップとして記述する．そうすることで，自社の役割を顧客の活動文脈に位置付けて把握できるようになる．

　また，最近のスマホのアプリや Web サービス，IoT のサービスに見られるように，異なる企業が提供する別々のサービスがあたかも一つのサービスであるかのように機能的に連結されることや，あるサービスが，別のサービスの要素として組み込まれるといったことが珍しくなくなっている．そのような異種サービスを横断する複合的サービスシステムのアイデアも，顧客の成果や目標とリソースの統合を対象としたジャーニーマップの記述によって見つけやすくなる．

（2）　サービスブループリント

　ジャーニーマップが，顧客やサービス利用者の視座から，その体験を理解し，またそれへの共感を促すのに対して，「サービスブループリント」は，顧客の体験を，事業者の視座からサービスの活動へとつなげていく役割を担う．そのため，一連のサービス活動を構成する顧客と接客スタッフとの相互作用や，それを支えるサポートのプロセスを，顧客のサービス利用時の行為の時間的な流れに沿って記述していく．　もともとサービスブループリントは，サービスのマネジメントに関する研究から誕生したものであるが，実用化にあたってはサービスデザインを推進するデザイナーによって積極的に進められ，今日もサービスデザインの代表的なツールとして広く使われつづけている．

　図6-7は，あるホテルのチェックインからチェックアウトまでのサービスのプロセスを記述するサービスブループリントである[5]．この図に示されるように，サービスブループリントは，サービス利用時の宿泊客の行為の時間的展開に沿って，その場面ごとに，対面で接客する従業員（フロント, ベルパーソン, ルームサービスなど）の行為，サービスエビデンスと呼ばれる宿泊客が接触する物的手段（インターネットのサイト, ホテルの駐車場, フロントのデスクなど），さらに客から見えないバックオフィスの従業員の業務（予約の受付, 処理など），それに対する組織内部のサポートプロセス（予約管理システムの稼働など）を階層にして配置し，それぞれのダイナミックなつながりをフローチャートのように線で結んで視覚化する．客と接客係の間には「相互作用ライン」が，接客係とバックオフィスの従業員の間には「可視ライン」が，さらにその従業員とサポートプロセスとの間には「内

部的相互作用ライン」が引かれている．可視ラインを境界として，その上位層をフロントステージ，下位層をバックステージと呼び，顧客との相互作用が生じる場をパフォーマンスの舞台のように捉える世界観を反映している．

このようにサービスブループリントを記述することで，サービスの実行プロセスの全体像が視覚的に把握できるようになる．その結果，顧客の行為の流れを中心に，サービスに用いられる物的手段や，接客，サポートプロセスの業務の整合性をはかりやすくなる．またサービス導入前の課題の抽出や，導入後のプロセスの改善，欠陥への対応なども行いやすくなる．さらに，サービスの実行主体にとって，顧客自身に期待する役割や，組織内部の各業務の役割および業務間の連携のあり方について，理解や検討を促す効果もある．

ただし，サービスブループリントは，サービスに用いられる物的手段や情報システムを開発するための厳密な設計図ではなく，あくまで顧客の行為と関連づけながら，各部門の従業員が既存サービスの課題や新規サービスの可能性について検討する目的で用いられる．したがって，その記述の仕方も，各ステークホルダーが直感的に理解できる程度に単純化して描かれるのが一般的である．実際のユーザーや従業員が参加したデザインのワークショップでは，付箋に情報を書き込んで縦横に並べてホワイトボードに貼り付け，必要に応じて付箋の間に線を結ぶといった方法で，簡易的に記述されることも多い．

図6-7のサービスブループリントは，対面での接客サービスを重視しているため，フロントステージの接客行動と物的手段を区分して記述している．ところが，今日では，スマートフォンやパソコンをはじめとする情報メディアとの相互作用を中心にサービスが行わ

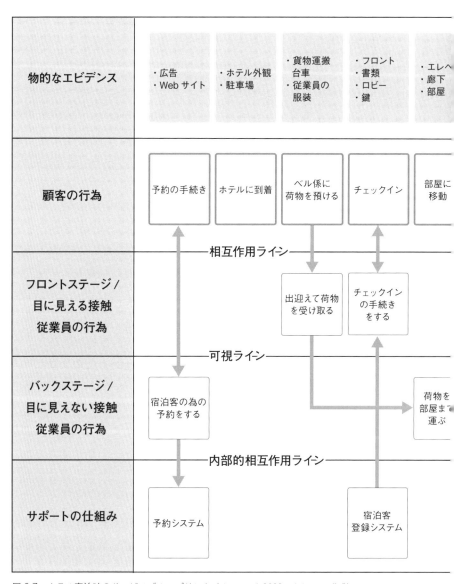

図 6-7　ホテル宿泊時のサービスブループリント（Bitner et al. 2008 にもとづいて作成）

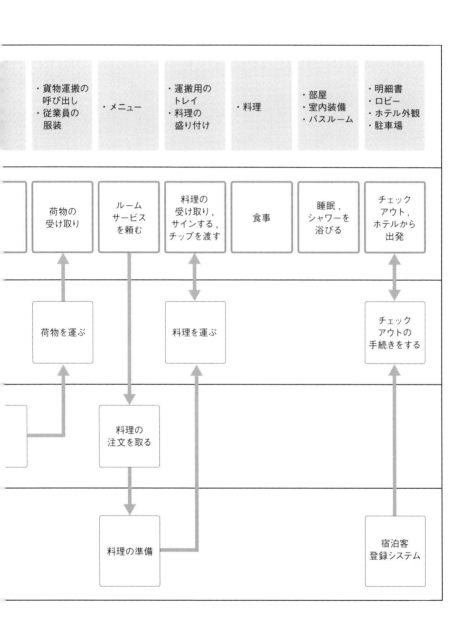

・貨物運搬の
　呼び出し
・従業員の
　服装

・メニュー

・運搬用の
　トレイ
・料理の
　盛り付け

・料理

・部屋
・室内装備
・バスルーム

・明細書
・ロビー
・ホテル外観
・駐車場

荷物の
受け取り

ルーム
サービス
を頼む

料理の
受け取り，
サインする，
チップを渡す

食事

睡眠，
シャワーを
浴びる

チェック
アウト，
ホテルから
出発

荷物を運ぶ

料理を運ぶ

チェック
アウトの
手続きをする

料理の
注文を取る

料理の準備

宿泊客
登録システム

れるケースも増えている．そのため，近年のサービスブループリントの記述では，接客と物的手段との違いにかかわらず，サービスの利用過程でユーザーが接する様々な手段をそのまま階層的に並べて描くスタイルが一般的になっている．同様に，バックステージの業務やサポートプロセスについても，組織外部のステークホルダーの業務やプロセスを加えるなど，ツールの利用目的に合わせて，適宜，情報の追加やスタイルの変更などが行われている．

（3）ステークホルダーマップ

　ジャーニーマップもサービスブループリントも，ともにサービス利用者の行動を中心に，サービスのユーザー体験や，サービス提供の業務の流れについて，プロセス的に把握しようとする点で共通している．その一方で，サービス利用者の置かれた社会的文脈や，サービスの実行に関わる組織内外の業務連携，事業モデルや事業エコシステムといった側面について検討する場合，これらの様々な主体間の関係性に注目したサービスの把握が必要となる．サービスデザインでは，そのような多様な利害関係者の関連性を俯瞰的に記述するために，「ステークホルダーマップ」と呼ばれるツールを利用する（図6-8）．

　特に，デザインプロジェクトの始まる段階で，関係者の範囲の設定や，デザインの進行や成果に大きな影響力を及ぼす可能性のあるキーステークホルダーの確認を行う目的で，ステークホルダーマップが描かれる場合がある．これによって，誰に，どのような順序でリサーチを行うべきかといった判断や計画がしやすくなる．また，

プロジェクトが進むに連れて，次第に関与する利害関係者について理解が深まり，より正確で豊かな情報を持つ記述へと描き換えられていく．そのようなステークホルダーマップは，サービスの開発や市場への導入に必要となる利害関係者とのコミュニケーションの取り方を導くガイドラインとして機能することになる．

　図6-8は，郊外の大型マンションとショッピングモールをカーシェアリングでつなぐサービスのステークホルダーマップを示している．マンションの住人が，マンションの駐車場に置かれたシェアカーを利用してショッピングモールに買物に出かけるのだが，モール内の専用パーキングスペース（電気自動車用充電機能を装備）の用意，マンション住人どうしの買物代行サポート，商品の在庫照会やリコメンド，取り置きなどの購買支援などの付加的サービスを受ける仕組みが描かれている．この図のように，ステークホルダーマップに記載されるステークホルダーには個人と組織の場合がありうるが，通常それらの立場や役割を表すテキストやアイコンで表現される．また，各主体の関係性については，ある主体から別の主体へ提供される情報，モノ，使役，金銭などに注目して，それらの内容と，それを授受する主体間を結ぶ矢印によって表される．この図には反映されていないが，「提供物の種類の違いを色で区別する」「ステークホルダーの影響力の大きさをそのステークホルダーのアイコンのサイズに反映させる」「ステークホルダーの関係の近さをアイコン間の距離で表現する」といった工夫がなされることもある．

　ただし，ステークホルダーの関係性を俯瞰的に表現するという目的のほかには，特定のフォーマットが明確に定められているわけではない．実際のステークホルダーが参加するデザインワークショップでは，この図のように専門家がデザインしたグラフィックが用い

られることはほとんどなく，壁に貼り付けたボードやデスク上で，付箋やカード，ペンを使って情報を書きだしていくことが多い．また，折り紙状のカードにステークホルダーの名前を書き込んだものをテーブル上に立体的に配置し，自由に動かすことで，インタラクティブにサービスの事業モデルやサービスエコシステムの検討を行う，「ビジネス折り紙」（図6-9）と呼ばれるツールも知られている．

　本章では，サービスデザインを実践するための基本的なプロセスと，そこで用いられる代表的テクニックについて説明した．プロセスについても，テクニックについても，ここで示された形式通りに実行しければならないわけではなく，プロジェクトの性質や目的，期間や予算などに応じて，柔軟な調整が行われている．その一方で，サービスデザインに馴染みのない組織に対してその手法を新たに導入する場合，その特徴や意義をわかりやすく伝える必要がある．特に，サービスデザインのプロジェクトでは，多様な利害関係者をデザインのプロセスに参加させることが期待されるため，プロセスやツールについての一定の理解を共有することが，プロジェクトの成功にとって重要な鍵となる．

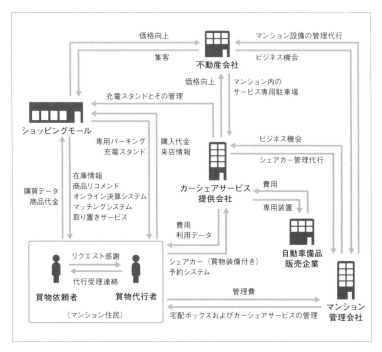

図6-8　ステークホルダーマップの例

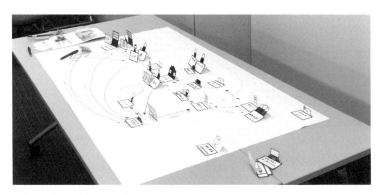

図6-9　ビジネス折り紙の例

サービスデザインのケーススタディ

サービスデザインの実際のプロジェクトは，どのように進められ，いかなる効果をもたらしているのか．第 7 章では，ポルトガル空港，メイヨークリニック，ロンドンオリンピックという，代表的な海外の事例を挙げてその特徴を具体的に説明し，サービスデザインを実践するうえでのヒントや教訓を得る．

1　ポルトガル空港のサービス改革

　まずは，サービスデザインのエージェンシーが，プロバイダー組織に対して外部からコンサルティングを実施した事例として，ポルトガル空港のサービス改革について見ていく[1]．

(1) 背景とプロジェクトの発足

　ANA（Aeroportos e Navegação Aérea）は，ポルトガルの 8 つの主要空港を運営する国営企業で，約 1,300 名（グループ企業全体では 3,200 名程度）の従業員を雇用し，毎日 65,000 人規模の利用客に対応して

いる．同社はこれまで，航空会社のニーズに応えることを優先して，空港のインフラストラクチャーを管理・運用してきた．しかし，急激に変化する経済環境，加熱する国際競争，燃料価格の高騰，大勢の利用客といった状況のなかで，それまでの事業のあり方に大きな変更を迫られることとなった．すなわち，このような変化のなかで世界に認められる空港となるためには，旅客や空港来訪者へのオファーをより重視することが必須となる．特に，顧客の記憶に残るようなサービスの提供を基軸として，インフラからサービスへと事業の転換をはかることが，同社にとって最も重要な課題として認識されたのである．

　ところが，当時の ANA の空港では，旅客は，ANA，航空会社，そして地上業務を行う二つの別会社がそれぞれ提供するサービスの間を渡り歩く状況となっていた．つまり，空港を利用する旅客の体験全般に責任を持つ組織は存在していなかったのである．顧客マーケティング部門は設けられていたが，旅客向けのサービスデザインや，カスタマーエクスペリエンスに対応する機能は持ち合わせていなかった．そこで，ANA は，イギリスに拠点を置くサービスデザインのコンサルティング会社の Engine に対して，サービスのブランディングと，空港全般に渡ってサービスを展開する戦略設計への協力を求めた．その要請では，以下の 3 つがチャレンジとして掲げられた（図 7-1）．

・ポルトガル政府の観光および貿易の振興策の一環として，ポルトガル空港が世界をリードする中継地および目的地になること．また，乗り継ぎ客からも選ばれること．

・新しい収益構造の創出と，空港のブランド認知の向上によっ

て，ANA グループの価値を上昇させること．
・ヨーロッパの評価基準にもとづいて，国際的なパフォーマ
ンスと顧客満足度を高めること．

　依頼を受けた Engine は，旅客の体験に焦点を当てた空港の新た
な役割を設定するとともに，サービス戦略の概要を描きだすことを
目標に，2008 年 8 月より約 2 年間の計画でプロジェクトを開始する．
本プロジェクトの遂行にあたり，ANA の 30 名程度のメンバーと，
Engine の 10 名規模のデザイナーによるプロジェクトチームが編成
され，両者の協働体制が整えられた．ANA の参加メンバーとしては，
経営責任者 1 名のほか，主要 4 空港それぞれの代表者，IT，リテール，
マーケティング，コミュニケーション，特別プロジェクト部門を代
表する 9 名の運営委員，さらに 8 名の企画責任者と 8 名の実行責
任者，そして主要 4 空港のサービスマネージャーが選出されている．

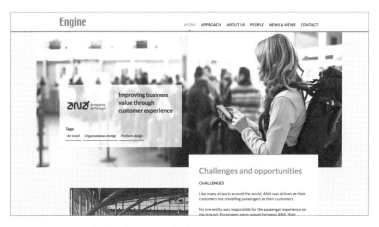

図 7-1　ポルトガル空港のプロジェクト紹介（Engine の web サイト）
(http://enginegroup.co.uk/work/improving-business-value-through-customer-experienceS)

（2）プロジェクト前期

　プロジェクトの進行は，第6章で説明した，「発見」「定義」「展開」「実現」の4段階からなるダブル・ダイヤモンドのプロセスに沿って展開された．

　まず，「発見」の段階では，実際の空港での旅客や職員（接客スタッフやサポートスタッフ）へのエスノグラフィー調査とインタビュー調査が行われた．また，調査から導かれた主要なインサイトの分析にもとづいて，旅客が空港を利用するプロセスを描いたジャーニーマップが作成され，プロジェクトメンバー内で検討された．

　「定義」の段階では，旅客リサーチの結果をサービスのビジョンや戦略とつなぐことを目標にして，プロジェクトメンバーによる共同デザインのワークショップが開催された．ワークショップでは，まず空港における様々な旅客のニーズが，情報へのアクセス，簡単な移動，サポートへのアクセス，待ち時間の活動，場所としての魅力といったカテゴリーに整理され，続いて，情報，サポート，居心地，スピード，利便性といった空港サービスの価値属性との関連づけがなされた．次に，空港の果たす役割についても，助言者型（旅客自らがニーズを充足），仲間型（旅客と空港が協働してニーズを充足），英雄型（空港が積極的にニーズを充足）というモデル化が行われた．そして，これらの分析や整理に加えて，サービスの種類を，空港にとって基本的なサービスと，空港に新たな価値をもたらす高付加価値サービスという二つのレイヤーに区分し，最終的にサービスの基本フレームワークが完成した（図7-2）．

　プロジェクトの実行チームは，このサービス・フレームワークを用いて，様々なサービスの機会を探索し，初期のサービスのアイデ

アの可能性を検討し，その結果をフレームワークのなかに位置づける．そのうえで，選抜されたアイデアについて，その提案価値や効果を確認してコンセプトを整理し，優先順位を設定する．これらの検討結果を踏まえて，プロジェクトチームは，ここまでの調査および機会検討の結果と提案価値，さらに空港の新たなビジョンやデザインストラテジーについて，その意義や効果を記したレポートを作成した．このレポートは，ANAの役員に向けられたもので，その後の「展開」の段階へ進む承認を得ることをねらいとしている．このなかでは，ANAのサービス・ビジョンが，「Preparing you for travel」（あなたを旅へと導く）といったキーメッセージで表現され，サービス・フレームワークにもとづく旅客サービスの戦略や機会評価とともに示された．また，そこには主要なサービスの提供および導入の初期プランも記載され，さらにANAをインフラ企業からサービス企業へと転換するための役割，原則，スキル，組織，文化についての文書も加えられている．

図 7-2　ポルトガル空港のサービス改革フレームワーク（Samperi 2013 にもとづいて作成）

(3) プロジェクト後期

　経営層の承認を得て，プロジェクト後半へと移行するが，「展開」の段階の開始にあたり，ビジョンやサービスデザイン戦略にもとづいて，全部で9つのワークストリーム（サービス開発のための実行プロジェクト）が設定された．そのワークストリームには，「スマートフォン向けのパーソナル情報サービス」「空港内のインタラクティブな多機能ラウンジ」「家族向けサービス」「グループ向けサービス」「プレミアム客向けサービスといった，ANAに新たな価値をもたらすサービス群」「セキュリティー」「環境」「旅客情報」「顧客サービスなどの基本的サービスの改善」が含まれている．展開フェーズでは，まずこれらのワークストリームのそれぞれについてコンセプトが展開され，それらの評価，修正が行われた．また，並行して，各サービスのマネジメントツールの開発や，サービスの品質を維持するための職員の能力やスキル開発も行われている．これらの活動を経て，空港での旅客サービス体験をプロットした一連のジャーニーマップ，組織や職能を横断するサービス運営チームのスキルと役割を定義した文書がアウトプットとして作成された．

　最後の「実現」の段階では，最終的なサービスの仕様と評価指標の設計，実装段階のサポートへの展開が目標となる．ここでの主な活動は，各種サービスのオペレーションや提供についての技術的，事業的な妥当性の評価と，試験的運用や本格的実装を踏まえた開発ロードマップの作成などである．また，サービスの実現において必要となる組織外のパートナー企業との連携の計画や，マーケティング戦略についても合わせて検討が行われ，これらの活動を踏まえて，組織内外の連携を促す各種の文書が作成された．そのなかには，継

続的なサービス開発や改良を支える実効性の高いデザインの仕様と戦略，各サービス向けのユーザーガイド，さらに，短期・長期的開発，試験運用やローンチに向けた優先順位づけとロードマップが含まれている．

（4）成果

　2012年の段階で，サービスのいくつかが導入され，その結果，ANAグループ全体で顧客満足度は14%上昇した．また，空港を利用する旅客数は，ANA全体で6%上昇し，特に主要な改善策が実施されたポルト市の空港では，13%もの利用者数の増大が確認された．これらの成果と同時に，ACI（国際空港評議会）によるサービス品質評価において，ANAの4つの空港に「最も改善が見られた」という結果が認められている．また，各空港にはサービスデザイン・マネージャーの役職が新たに設けられ，リスボン空港のサービスデザインおよび開発チームと連携がとられるようになっている．

2　メイヨー・クリニックのイノベーションラボ

　サービスデザインのプロジェクトは，特定のサービスの改善や改革を対象に期間を限定して実施されることが多いが，近年は，イノベーションに持続的に挑戦する組織的な能力を高める目的で実行されるケースも増えてきている．メイヨー・クリニックでは，院内にイノベーションのためのラボを設置することで，継続的なサービスデザインのプロジェクトに取り組む体制を築き上げてきたが，この事例は，ヘルスケアにとどまらず，組織にサービスデザインの能力を組み込むうえで様々な領域から注目を集めている[2]．

(1) 背景

　メイヨー・クリニックは 1889 年にミネソタ州ロチェスター市に創立された総合病院で，グループ診療，カルテの統合管理，集中治療室といった，今日の世界の医療現場で用いられているシステムを世界に先駆けて導入したことで知られる．また，病院の外観や雰囲気をより人間的に感じられるものへと転換するなど，「患者の体験」の改善に向けた取り組みにもいち早く着手している．1960 年代までには，高度な技術を備えた医療スタッフ，快適な環境，高水準のサービスを求めて全米のみならず，世界中から患者が同病院へ訪れるようになり，それ以降，US ニューズ＆ワールド・リポート誌の評価による全米病院ランキングのトップ 5 に入りつづけている．

メイヨー・クリニックは，「患者のニーズを第一に」を信条に，患者へのサービスや患者の体験を特に重視する姿勢を貫いてきた．しかし，2000年代に入り，医療費の高騰が経営を圧迫し，従来のサービスを見直す必要性に迫られることとなった．そこで，同病院のニコラス・ラルッソ医師は，デザイン・コンサルティング会社のIDEOに協力を依頼し，同病院の医療サービスの調査と，それにもとづく患者の体験ならびに費用対効果の改善に向けた方策を検討することとなった．その取り組みの特徴は，患者の体験の改善に向けて包括的なアプローチをとること，その目的の達成のために，サービスデザイン手法を導入するという点にある．実際に，サービスデザインの手法に沿って，患者の体験の調査，アイデアの発想や構成のコラボレーション，サービスのプロトタイピングや評価テストといったプロセスが，デザイナー，医療スタッフ，患者の協働作業によって推進された．

（2）出発と成功

　この取り組みが開始された当初，医療スタッフのなかには，デザインが医療の活動に新たな価値をもたらすことに懐疑的な態度を示す者が少なからずいた．そこで，ラルッソ医師は，デザイナーやデザイン思考の実際の活用を通じて，サービスデザインの実践を一つの文化として受け入れてもらうことを目標に設定することとした．そのため，ラルッソ医師とIDEOは，あまり目立たない小規模のイノベーション・プロジェクトチームを発足させた．そのチームには，IDEOのほかに，建築設計事務所のHGA，オフィス家具メーカー

の Steelcase からもメンバーが加わり，組織内からは関心を持つ小
グループの医療スタッフを招集し，試験的なコラボレーションが始
まった．ラルッソ医師は最初の出費を賄うための資金集めの活動を
行った．その後，順調な資金集めと計画の期待効果を示すことによっ
て，2004 年に経営上層部から承認を得て，イノベーションラボの
プロトタイプ施設を院内に設けることとなった．

　小規模でスタートしたイノベーションラボの活動は，スタート後
の 2 年間で，診療室や自動受付キオスクの再デザイン，糖尿病患者
が利用する新しい学習カード・システムなどを含む，全部で 20 以
上のプロジェクトに取り組んだ．このスタート時の成功によって，
2007 年，ラルッソ医師は正式なイノベーションセンター（CFI）を
本格的に展開することになる．その後 5 年のうちに，CFI はリサー
チャー，デザイナー，プロジェクト・マネージャー，IT エンジニ
アなどの多岐に渡る分野の人材を 50 名以上フルタイムで雇用する
ほどに成長した．同センターは，現在，メイヨー・クリニックの部
門を横断したプロジェクトを手がけるようになっており，特に，「外
来患者への対応の再デザイン」「地域医療（予防や教育）の改革」「遠
隔医療の整備」の 3 つの領域に焦点を当てた活動を行っている．ま
た，当初のように，個々のプロジェクトに人を積極的に集めるといっ
たことは不要となり，病院の各部門の医療スタッフが，サービスの
オペレーションや患者の体験の改善を期待して，活動が始まるよう
になっている（図 7-3）．

図 7-3　メイヨークリニック・イノベーションセンターの様子
(http://cfitour.com/)

(3) CFI のイノベーション・プロセス

　CFI のサービスイノベーションのプロジェクトは，以下のような
サービスデザインの基本的プロセスに沿って遂行されている[3].

① ユーザーリサーチ

　このステップでは，メイヨー・クリニックにおいて医療サー
ビスの提供にともなう患者の体験について，多様なステークホル
ダーからインサイトを集める．外来患者の体験の事例を通じて，
病院に到着してから退院するまでの患者のジャーニーを理解する
といったことが行われている.

② サービスコンセプトのデザイン

　サービスデザイナーは，リサーチの結果とその解釈にもとづいて，患者の体験の改善に寄与するサービスのコンセプトを，一連のポートフォリオとして生みだす．それらの内容は，チームの代表者によって確認され，その他のメンバーにも共有されたうえで，最終的なデザインコンセプトの候補に絞り込まれる．

③ サービスのプロトタイピング

　例えば，座り心地のよい椅子や，会話を促すテーブルの配置によって，診療室を改善するアイデアなど，最終的に選ばれたコンセプトはプロトタイプとして表現され，一定の制御された環境下において，実際の患者に対してテストされる．

④ サービスの展開

　患者に好意的に受け取られ，またメイヨーのデザイン開発チームからも効果が認められたプロトタイプは，経営幹部の承認を得た後に，組織全体に向けて実際に展開されることになる．

(4) イノベーションの例

　CFI で実施されたイノベーションの事例として，地域皮膚科医療プロジェクトがある．本プロジェクトが開始される前には，この皮膚科の医療サービスは，財政的な観点から求められる1日当たりの患者数を診ることができておらず，しかもその患者の多くは，診療報酬の少ない高齢者向け保険制度の加入者となっていた．

そこで，CFIのデザインチームはメイヨーの皮膚科医療に関わる
ステークホルダーや患者に対する調査を行った．その結果から，多
数のペインポイントや，非効率なプロセスを見つけだし，新しく，
無駄のないプロセスのデザインを生みだした．例えば，看護師が，
患者の記録，生検，支払請求，治療計画などに関する書類業務を行い，
また，治療助手が現状の患者への投薬状況の記録を引き受けること
で，医師がスタッフのサポートに時間を費やすことから解放された．

そのようなプロセスの変更によって，看護師や治療助手らの仕事
への満足度が上昇し，患者の体験が改善され，さらに医師による管
理業務も削減できた．これらの結果として，1日当たりの診察人数
が増加し，皮膚科医療の経済的パフォーマンスに顕著な向上が見ら
れることとなった．

(5)　メイヨー・クリニックからのヒント

ラルッソ医師がメイヨー・クリニックにサービスデザインとイノ
ベーションの中核拠点を育んだアプローチは，同様のアプローチを
実行しようと試みる企業にとって，いくつかの示唆を与えている[4]．

① 組織的な障壁を認識すること
サービスデザインに馴染みのない企業も多く存在する．同僚に
サービスデザイン手法への興味関心を抱かせようと訴えかける前
に，組織的な抵抗に会う可能性を認識しておかなければならない．
特に，（自分の職業と縁遠い）デザイナーと一緒に活動すること，観
察，ブレインストーミング，デザイン・プロトタイピングといっ

た，新しい手法を用いること，部門横断型のコラボレーションによる共同デザインに参加することへの抵抗に対して，なんらかの対応方法を検討しておくことが重要である．

② 小さく始めること

　組織内でサービスのデザインやイノベーションへの理解を得ることは，特にそのような経験のない企業の場合，苦戦を強いられる可能性もある．したがって，小さな規模で始めて，初期段階のパートナーを見つけて，興味の持てるプロジェクトを試験的に実行する．その結果として得られたサービスの改善が組織的な関心を呼び起こすことになり，その後の活動の土台となる．

③ 新しいツールを活かすこと

　サービスデザインは，ユーザーリサーチ，コンセプト開発，サービスプロトタイピングなどの，自社の顧客体験の改善をもたらす強力なツールを提供するが，それらを用いたことがなければ，とりあえず試してみるのが有意義である．

④ 成果の認知を組織内に広めること

　もし企業内で初めてサービスデザインによるイノベーションのプロジェクトを実施するのであれば，そのプロセスや結果についてのわかりやすい記録文書を作成しておくことが有効である．そして，会合の機会を設け，組織内でその内容を共有するのが得策である．同僚がそれに興味を示し，効果が認知されることで，その後のプロジェクト実施の可能性は高まる．

3 ロンドンオリンピック 2012 における観客体験

　サービスデザインは継続的に提供されるサービスだけでなく，期間限定のイベントを対象に，その来訪者の体験を魅力的なものに，またスタッフの振る舞いを効果的なものにするために適用される場合もある．その代表的な事例として挙げられるのが，2012 年の夏に開催されたロンドンオリンピックである．

(1) 背景

　2012 年の夏季オリンピック大会の開催地が決定されたのは 2005 年であるが，その誘致活動を指揮したセバスチャン・コー氏は，ロンドンオリンピックを「競技者と観客にとって，驚きと感動の体験をもたらすものにする」と宣言し，組織委員会の会長として大会の開催を導くこととなった[5]．

　16 日間に渡って開催されたオリンピックには，世界から約 10,500 人の選手が参加し，900 万人近い観客が現場で観戦したといわれている．そうした選手や観客の体験を支えたのが，2,000 人の組織委員会のメンバーと 20 万人の競技スタッフであり，そこにはゲームメーカーズと呼ばれる 7 万人のボランティアスタッフも含まれている．

　コー氏の考えのもと，オリンピック史上初めて観客体験を重視し

た大会を準備することとなったが，組織委員会にその責任部門は存在しなかったため，ブランド・マーケティング部門のなかに観客体験に特化したチームが設けられることとなった．同部門のディレクターを務めたグレッグ・ニュージェントは，イギリスとヨーロッパを結ぶユーロスター鉄道のマーケティング責任者を務めた人物であり，その顧客体験の素晴らしさには定評があった．また観客体験チームのプロジェクト・マネージャーとして，サービスデザインのコンサルティング会社 Livework で活躍し，同分野の世界的なキーパーソンであるアレックス・ニスベットが加わった（図7-4）[6].

（2）観客体験チームの活動

　観客体験チームが発足した時点では，施設や会場についての様々な計画がすでに決定されていた．したがって，チームには，大会開催中の観客体験のすべてについてリスクを事前に調査し，対策を講じて観客体験をより良いものにする役割が与えられた．その活動の概要は以下の通りである．

①計画やスケジュールの見直し
　観客体験に関わる計画やスケジュールの見直しを行い，開催期間に生じうる問題の可能性を検討した．この作業では，ディズニーランドや大規模な公共イベントの責任者からの助言を受け，長時間の行列，競技と競技の間の待機時間，会場間の移動の多さ，椅子や日除けなど，炎天下での休憩場所の少なさ，などが課題として指摘された．

図 7-4　ロンドンオリンピックのプロジェクト紹介（Livework の web サイト）
(https://www.liveworkstudio.com/presentations/design-and-delivery-of-the-london-2012-spectator-experience/)

② 会場のフィールドワーク

　大会組織委員会は国際的な調査会社ニールセンに，オリンピック関連の調査全般を依頼したが，その内容は，主に競技観戦のチケット購入者のデモグラフィックな分析（年齢，性別，住所，職業などの属性）となっていた．しかし，様々なイベントが開催され，初めて会場を訪れる観客も多く，複雑な移動が予想されるオリンピックにおいては，そのような調査だけでは不十分で，観客の態度や行動，期待についての重要な知見が得られない．そこで，チームは大規模なスポーツイベントやフェスティバルに出向き，観客行動の実地観察を行った．

③ 観客ジャーニーの分析

　各種の調査結果にもとづいて，競技を見つけて観戦計画を立てる段階から，競技会場に移動し，会場での競技観戦を経て，競技後の帰路に至るまでの一連の観客ジャーニーマップを記述し，詳細なリスクの分析や改善策の検討を行った（図7-5）．その際，観客体験をより良いものにするビジョンとして，「すべての人がこの地上最大のショーの一部となる」というスローガンが生みだされた．

④ 各部門への提言とサポート [7]

　観客体験チームには予算も充分に与えられていなかったため，施設オペレーションの担当部門や競技担当部門に対して，調査や検討から導かれた提言を行い，その実行のサポートを任務とした．特に，観客の施設への入退場，競技場間の移動，また長時間の行列や待機，それらもすべて観客体験の一部として，できる限り楽しい時間とすることに意識が注がれた．

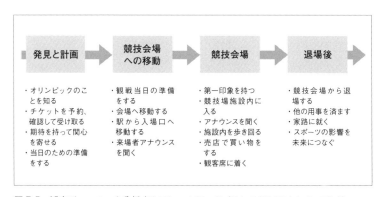

図7-5　観客ジャーニーを分析するフレームワーク（Nisbett 2014 にもとづいて作成）

（3）各部門への「観客体験」の展開

　観客体験チームの提案を実行に移すうえで，大会組織委員会の各部門との適切なコミュニケーションや連携がとられたが，以下はその概要である．

① 組織全体で展開するコンセプト

　観客体験チームの考えをオリンピック組織委員会の各関係部門で徹底するために，「高いパフォーマンスを見せる観客」というコンセプトが設けられた．これは，選手だけでなく，観客にも高いパフォーマンスが期待されること，すなわち，観客が適切な時間に，適切な場所に，適切な心構えでたどり着き，熱い眼差しや感動のポーズで競技を盛り立てることを意味している．

　この「高いパフォーマンス」というコンセプトがきっかけとなって，その対象は，「交通機関で移動する旅客」や「病人やけが人」にまで広げられ，さらに「組織や会場」といった範囲にも当てはめられるようになった．

② 施設部門チームとの連携

　施設部門と連携した取り組みの一つとして，ホッケーの競技会場の屋外に，試合の合間に子どもが遊べる臨時のビニール式ホッケーコートを設置した．これは，イギリスのホッケー団体からの寄付によるもので，空気を入れて膨らませる仕様になっており，移動する際には直ちに畳んで片付けられるようになっている．

　また，競技施設のなかの待機場所には，競技のルールや楽しみ方を伝える展示物を設置した．チケットの入手はくじ引きのよう

に決まるため，競技についてほとんど知らないまま会場に来てしまう観客もいる．展示物の設置は，そのような観客が競技を楽しむ機会を逃さないようにするための配慮である．

③コミュニケーションチームとの連携

　送付されたチケットには，大会組織委員会のコミュニケーションチームの制作した案内資料が同封された．この資料には会場へのアクセス方法や移動時間，予想される待ち時間，施設に持ち込み可能な物品などの，重要な情報が記載されていた．しかし，観客体験チームが調査を行った結果，ほとんどのチケット保有者はそれらの案内情報に目を通していないことが判明した．そこですべてのチケット保有者の携帯電話に「案内情報を確認しておかないと，人生に一度の貴重なチャンスを失うことになりますよ」という内容のショートメッセージを送信し，さらに後日電子メールでも同様の案内情報を送付する対応を行った．

(4) 高いパフォーマンスを見せるスタッフ

　オリンピック組織委員会のオフィスでは，長い期間に渡り，大会の成功に向けたスタッフの重労働が続いていた．飲料水の提供なども含め，働きやすい環境が整えられていたが，オフィスでの音楽パフォーマンス，アスリートを招いてのスピーチ，スポンサーからのチョコレートの提供，といったスタッフのモチベーションを高める工夫もなされた．また，すべてのスタッフが同じオリンピックのユニフォームを着用したことで一体感が生まれ，皆それぞれに重要な

役割を担う意識を持って任務に取り組む雰囲気がもたらされた.

　会場内の観客の誘導手段として，地図の配布，スマホ用の大会アプリの提供，大型の掲示板の設置などが行われたが，最も効果を発揮したのは，ボランティアスタッフであった．カラフルで目立つユニフォームを着用し，質問されればわかりやすく答え，また立ち止まって困っている家族を見つけては，近づいていって優しく話しかける．群衆の誘導にはメガホンを使って叫ぶのでなく，大きな指差しの形をしたグローブを手にはめて笑顔で正しい方角を示す.

　さらに，楽団の行進を使って観客を自然に誘導したり，音楽やマジックのパフォーマンスで意図的に観客の滞留を生みだして人の流れを分散させたりと，観客を楽しませながら群衆の流れを効果的にコントロールしていた．その他，演劇スクールに通う学生のボランティアが，長い待ち行列を見つけては即席で演技して楽しませるといった光景も見られた.

（5）毎日の観客体験の改善

　観客体験チームの大会期間中の重要な任務としては，各会場における観客の毎日の様子を調べて改善を行う作業があった．その工程は，①調査，②検討，③実行，④改善という4つのステップを繰り返すことで実行された（図7-6）．内容は以下の通りである.

　　①調査 —— 大会組織委員会のアンケートやソーシャルメディアの投稿内容を位置情報と合わせて解析，観客対応窓口に寄せられた苦情を把握し，競技やイベント会場を観察する.

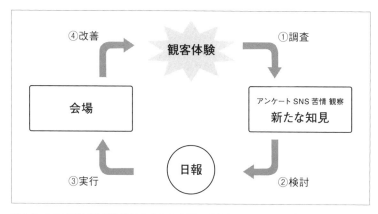

図 7-6　毎日の観客体験改善のサイクル（Nisbett 2014 にもとづいて作成）

② 検討 —— スプレッドシート（行列表）に調査の結果を整理して問題点を抽出し，観客体験の改善機会や改善案を検討したうえで，その内容を日報としてまとめる．

③ 実行 —— 各会場の責任者や担当者に日報を送る（忙しい現場スタッフのために，スマホにも同じ内容を送信）．

④ 改善 —— 翌日に体験の改善策が実施される．例えば，水飲み場の新たな設置や，暑い日差しを防ぐために，持ち込み禁止だった傘を持ち込み可能とするなど．

（6）オリンピックの成功から学ぶ

　観客体験チームの様々な工夫や努力が実り，オリンピックに参加した観客の 97% が自分の体験が期待以上のものであったと評価する好ましい結果となった[8]．チームのプロジェクト・マネージャー

であるニスベットは，このような成功は，観客体験を重視するビジョンや考え方が組織内部だけでなく，また組織と連携する外部の人々や機関にまでしっかりと伝わったことによって，初めて可能となったと指摘している．事実，ロンドン交通局も，ロンドン市民に日常交通と観戦客の移動のピークが重ならないように時間調整を呼びかけ，また試合の速報を地下鉄やバスの車両内に掲示するといった計らいをしていた．

　また，一般的に顧客体験では，「顧客をがっかりさせないように，基本を徹底して見事に行うこと」（ブリリアント・ベーシック），「創意工夫によって期待を超える夢のような瞬間を生みだすこと」（マジック・モーメント）が重要といわれているが，観客体験のデザインにも有効に適用されたと，ニスベットは明らかにしている．

　このようなビジョンと戦略のもとに，観客のジャーニー全体に渡って体験を捉え，またアスリート，観客，スタッフそれぞれのパフォーマーとして役割や活躍のイメージを明確に打ちだすことで，大規模なイベントのフロントステージとバックステージがつながれ，各ステークホルダーの連携が効果的に促されたと考えられる．

　PART3 では，サービスデザインの誕生からその後の発展の経緯を踏まえ，現状における手法の特徴や，その実践のプロセスとテクニック，さらに実際の適用事例について学んだ．では，そのようなサービスデザインを今後のビジネスや社会にどう活かすことができるのか．PART4 で見ていく．

企業におけるサービスデザインの導入

　サービスデザインは，欧米の企業を中心に様々な産業分野で導入が進んでいる．以下に，グローバルに事業を展開する代表的企業のサービスデザイン導入状況（国内企業はサービスデザインの組織の設置の状況）を示した．導入事例の多くが顧客体験の向上を目指すものとなっているが，スタッフの接客行動，社内研修サービス，マーケティングマニュアルのように従業員を対象とする取り組みも見られる．

空港	
ポルトガル空港	旅客の空港利用体験の向上
ドバイ空港	未来の旅客体験のデザイン
ヒースロー空港	空港業務の連携を促すサービス基準の設計，インフォメーションハブの設計
航空会社	
ヴァージンアトランティック航空	ブランドを活かした空港ターミナルの利用体験の統合的デザイン
フィンランド航空	未来の旅客体験のデザイン
エミレーツ航空	2020 年の旅客体験のデザイン
ルフトハンザドイツ航空	新しい機内サービスのデザイン
自動車	
フィアット	新車ラインナップに伴う顧客体験のリニューアル
メルセデス・ベンツ	ディーラーによる自動車オーナー向けサービスのデザイン
ジャガーランドローバー	顧客ロイヤリティ向上のアフターセールス・サービスデザイン
ヒュンダイ	ディーラーの販売員の新たな役割と接客方法のデザイン
フォルクスワーゲン	Y 世代と繋がるプラットフォームのビジョンづくり，ディーラーの販売員の新たな役割と接客方法のデザイン

メディア	
BBC	社内研修サービスの改革，モバイル用テレビ視聴サービス
チャネル 4	テレビ番組のパーソナル化と発見支援サービス
ディズニー	マルチデバイスの動画視聴サービスの開発
NFL	スポーツ観戦と連携するモバイルアプリケーション開発
リテール	
フィリップス	照明のリテール向けソリューション開発
アディダス	ランナーのためのウェアラブルソリューションの開発
Dixons	マルチチャネルのリテールサービス
ピザハット	オンラインの注文アプリの開発と店舗のデジタルインタラクション
ロレアル	店舗体験の総合的デザイン
マクドナルド	顧客のサービス体験のデザイン
ハイネケン	グローバルマーケティングマニュアルの作成，クラブのコンセプトデザイン
通信	
orange	体験重視のモバイル決済サービスの顧客獲得
クアルコム	サービスデザイン手法を使った要素技術の用途開発
シスコシステムズ	ビデオ会議体験の創造とサービスの開発
サムスン	携帯電話の統合メッセージングサービスの新ビジョンの作成
IT	
GE	IoT ソリューションのユーザー体験デザイン
金融	
バークレイズ	組織横断の各種のサービスプロトタイピング
BBVA	銀行サービスの統合的なデジタル化と従業員の業務支援
シティバンク	タブレット端末向け個人資産管理サービスの開発
NCR	ATM のインターフェイスとワークフローの改善

ヘルスケア	
フィリップス	筋力低下の患者のための運動支援ソリューション
フィリップス	幼児の MRI 検査体験向上のためのサービスデザイン
宿泊・トラベル	
Airbnb	顧客戦略のための顧客ジャーニー分析
マリオットホテル	サービスデザインによる次世代旅客サービス改善策の検討
インターコンチネンタル ホテル	グループホテルのブランド横断の顧客サービス体験デザイン
日本国内	
アイ・エム・ジェイ	R&D 室に Service Design lab. を設置
ソニー	クリエイティブセンター内にサービスデザインチームを設置
大日本印刷	サービスデザインラボを設立
日立製作所	社会イノベーション協創センタ内にサービスデザイン研究部を設置
リクルート テクノロジーズ	IT マネジメント統括部にサービスデザイン部を設置

*海外の企業については，主要なサービスデザイン・コンサルティング会社が公開するプロジェクト情報に基づいて，また国内企業については，各社の情報や筆者のヒアリングに基づいて整理している．網羅性は追求せず，多様な業界への広がりを示すことをねらいとした（2017 年 6 月調査時点）．

PART 3 のまとめ

(1) サービスデザインの起源は，1980 年代のリン・ショスタックによるサービスのマーケティングやマネジメントの研究に遡る．

(2) 1990 年代に入り，経営学的なサービスデザインの考え方や手法開発に触発され，ドイツとイタリアのデザイン教育機関を拠点として，サービスデザインをデザインの新たな領域として捉えようとする動きが現れた．

(3) 1990 年代の終わり頃から，サービスデザインは，サービスとユーザーとのインタラクションを対象とするようになり，インタラクションデザインとのアナロジーによって方法論が構築されていった．

(4) 近年は，事業モデルや制度のあり方そのものを問い直し，新たなサービスの実現に必要な業務や組織の改革を導き，そのような変化を継続的に生みだすことが，サービスデザインに期待されている．

(5) S-D ロジックの考え方がサービスデザインに浸透するにともない，サービスデザインの関心も，サービスのインタラクションを超えて，ユーザーの体験を通じた価値共創や，リソースの適用や統合の仕組みへと拡がりつつある．

(6) サービスデザインの特徴は，サービスについての「文脈」「期待成果」「共創戦略」「利用体験」「舞台裏」「生態系」という 6 つの視点に整理できる．

(7) サービスデザインの一般的なプロセスを表すモデルとして，「発見」「定義」「展開」「実現」の 4 段階で構成されるダブル・ダイヤモンドが知られている．

(8) サービスデザインのテクニックやツールには，価値共創のシステムの部分と全体の関係性を把握し，各ステークホルダーの相互理解や学習を促す視覚化やファシリテーション上の工夫が見られる．

(9) サービスのビジョンやコンセプトを組織や活動に徹底することで，大規模なデザインプロジェクトに効果的な連携をもたらすことができる．

(10) 組織にサービスデザインを導入するにあたっては，小規模のプロジェクトから段階的に始め，新しいツールを実際に試しながらその方法を徐々に浸透させ，プロセスや成果を組織内に積極的に広めることが有効である．

「サービスデザイン」のこれから

新たな事業機会の発見

PART4 では，今日の経済や社会のなかで特にサービスデザインに期待される役割や効果について理解を深め，その応用の可能性を考えていく．第 8 章ではまず，現在，関心の高まっている新規事業の開発やイノベーションをテーマとして，サービスデザインがどのように貢献できるかを見る．

1　顧客のリソースをつなぐ

　変化の激しい今日の経済環境のなかで，多くの企業が，新規事業の開発やイノベーションに取り組むことを余儀なくされている．かつては，技術開発によって事業に非連続的な変化を生みだし，優位性を確立するアプローチが主流であった．しかし，技術の拡散や模倣のスピードが加速する現在のビジネス環境では，技術開発だけでなく，それを顧客価値と結びつけ，また新たな発想の事業モデルによって実現していく，より統合的な戦略が求められている．PART3 で見たように，サービスデザインは，顧客の活動において生みだされる価値をより望ましいものとするために，顧客とプロバイダーの相互作用の機会を見つけ，それを体験，業務，事業として組み立てていく．そのような組み立ては，ときに新たなテクノロジーの力も

借りて，多様なステークホルダーのリソースを今までにない方法で組み合わせることで実現される．つまり，サービスデザインは，今日のビジネスに期待されている，技術と顧客価値と事業モデルの3つをつなぐ有効なアプローチとなる．

　では，体験的な価値が生みだされる人々の活動の文脈に注目することで，どのようにして新たな事業機会が見つけられるのか．まずは身近な例を使って考えてみよう．最近，フィットネスクラブでスマートフォンを腕や腰に装着して，それにつないだイヤホンを耳につけ，音楽を聴きながら運動している人の姿をよく見かける．その際，ソーシャルメディアのアプリで自分の知り合いがトレーニング中に聴いているアーティストの楽曲を見つけて，音楽配信サービス（ストリーミングサービス）で聴くといったこともできる．そこで，フィットネスクラブでこのように音楽を聴きながら運動する人の文脈を分析してみると，そこには，トレーニング設備をはじめ，スマートフォン，ソーシャルメディアのアプリ，ストリーミングサービス，楽曲コンテンツ，通信回線といった様々なものが，その体験を生みだす要素として統合されていることがわかる．これらの要素の各々は，それぞれのプロバイダーによって（垂直的なバリューチェーンとして）事業モデルが作り上げられ，ユーザーに提供されている．ただし，そのようなプロバイダーが提供するリソースのほかにも，音楽を聴きながらエクササイズに励む人のアーティストや楽曲の知識や，音楽に合わせて運動するスキル，さらにソーシャルメディアに掲載された知人の投稿記事なども，重要なリソースとして活かされている．

　ここで，もしこの人物のように，音楽に合わせてエクササイズすることに高い価値を認める人が大勢いて，しかし，トレーニングに合う楽曲の選曲に困っているとしたらどうだろう．例えば，フィッ

トネスクラブであれば，トレーニングの効果を高める音楽の選択や提供を新たなサービスとして取り入れるかもしれないし，トレーニング機器メーカーならば音楽再生装置を統合したシステムを開発するかもしれない．あるいは，楽曲のプロバイダーがプロのトレーナーと協力してトレーニング用音楽コンテンツを制作することや，ストリーミングサービスが，会員のおすすめを通じてトレーニングにふさわしい楽曲のプレイリストを提供するといったことも考えられるだろう．

　サービスデザインは，このように，まず人々が関心を寄せる活動の文脈に目を向け，その活動の期待する成果が，いかなるリソースの統合によって生みだされているかという点から新たな事業機会を発想していく．そのため，サービスエコロジーマップと呼ばれるツールを使って，サービスが利用される文脈を構成する多様な要素の関係を視覚的に表現する．あるいは，顧客の体験のなかで，様々な企業による提供物が組み合わせて用いられるジャーニーマップやサービスブループリントを描くなどして，顧客の文脈におけるリソースの価値の評価や，新しい統合の可能性を探っていく．つまり，既存の事業がユーザーへの提供物を生みだす「垂直的なバリューチェーン」によって構築されてきたのに対して，サービスデザインによる事業検討は，顧客の期待成果の達成を可能とする「リソース統合の水平的ネットワーク」の構築を目指すのである．

2　技術革新とリソースの組み替え

　サービスデザインによる事業機会の検討において，新たなイノベーションの可能性を探りだすには，情報技術の発展がもたらすリソースの流動性の向上や，リソース結合の分離や再結合のメカニズムを理解する必要がある．その理由を以下で述べよう．

（1）リソースの流動性

　人のあらゆる活動には，常にその 5W1H の決定，つまり，どんな成果を期待して（why），誰が（who），どこで（where），いつ（when），いかなる手段を使って（how），何の活動を行うか（what）についての選択がともなう．ほとんどの場合，その選択の可能性は，物理的・技術的な制約や経済的な（費用と便益による）制約，さらに習慣や文化，法律などの社会的制約によって影響を受ける．そして，様々な制約のなかで，活動の主体は各種のリソース（人，道具，知識，場所など）を一定の組み合わせで統合し，期待する成果が達成できるように活用する．しかし，このようなリソースの組み合わせ方に対して，技術革新は，まずその前提にある物理的・技術的な制約を緩める，あるいは取り除くような変化をもたらす．さらに，物理的・技術的制約の軽減は，経済的・社会的な制約のあり方にも変更を促し，その結果，より望ましい成果の達成につながる新たな 5W1H の選択と，リソースの結合パターンを実現するサービスが生みだされるように

なる.

　リソースの組み合わせ方への影響という点で，特に，デジタル化の技術革新は，経済や社会にめざましい変化をもたらしつづけている．その特性を理解するため，音楽業界にデジタル技術がもたらした様々な転換を振り返ることにしよう．まず，楽曲コンテンツは，長らくその記録媒体であったレコード盤やカセットテープからCDに置き換えられる．その後，データ化された音楽コンテンツは，携帯型のデジタル音楽プレイヤーや家庭用コンピュータのハードディスクに記録し，複製できるようになる．またインターネットの普及後は，オンライン購入が可能となり，人々は，レコード店やレンタルショップに出向いて音楽をCD（モノ）として入手する必要性から解放される．さらには，アルバムという楽曲のパッケージ販売の制約が崩れ，楽曲単位で購入できるようになり，リスナーたちは様々なジャンルの楽曲をオンラインで試聴しては，お気に入りのものを入手し，自由に組み合わせて楽しむようになった．やがて，携帯電話やスマートフォンの普及と，楽曲の購入や再生機能を持ったアプリの統合によって，好きな楽曲をいつ，どこからでも購入可能となり，それを好きな場所で，好きなときに聴くといった聴取スタイルが広まるようになる．そして，近年のストリーミングサービスの登場は，音楽を所有するものから，クラウド上のサービスにアクセスして楽しむものへと様変わりさせた．

　これらの一連の変化は，自分の聴きたい（録音された）音楽を聴くために行われてきた，かつてのリソースの組み合わせ方から，近年の新しい組み合わせ方への，度重なる転換の過程と理解できる．

　音楽の聴き方のほかにも，例えば，自動車を運転して移動する方法に同様の変化が確認できる．かつては，自家用車で，好きなとき

にドライブに出かけることの引き換えに，車の購入，駐車場の確保，自動車保険への加入のほか，車の清掃やメンテナンス，車検の支払いといった面倒な手続きを行うことが必要であった．これに対して，近年のカーシェアリングのサービスは，ドライバーを上記の手続きの一切に煩わせることなく，他者の車を気軽に運転できるようにした．そのようなサービスの実現は，車がいつどこにあるかという情報と，その車を誰がいつ，どれくらいの時間乗るかという情報をリアルタイムで管理するデジタル技術によって支えられている．

またコンピュータを製造販売するデルは，消費者の需要を見込んで製造する従来の生産方式に対して，部品のモジュール化とその組み合わせの情報管理，インターネットによる顧客から生産者への直接注文，注文データの工場へのリアルタイム送信によって，顧客の個別注文に応じて生産を行う方式を導入した．これによって，顧客は企業がアレンジした仕様のパソコンを選択するのではなく，自分で仕様をカスタマイズして注文できるようになった．

（2）リソースの分離と再結合

このような，デジタル化の技術がもたらすイノベーションの仕組みを，経営コンサルタントのリチャード・ノーマンのモデルが上手く整理している[1]（図 8-1）．まず，情報のデジタル化は，人やモノや場所といった物理的な媒体に結びついていた情報を切り離し（脱物質化），その流動性を高め様々な新しい媒体と結合する可能性を生みだす（流動化）．次に，それは，ある目的のために，これまで組み合わせられてきた一連の活動のセットとリソース（各種の道具やそれ

が用いられる環境, 時間など）の結びつきを解体することになる（分離）. そして, そのような自由な情報の流れと, 活動のセットとリソースとの結びつきの分離によって, その目的にとってより望ましい活動のセットとリソースの組み合わせが, 新たな情報と媒体との結合を通じて実現する（再結合）. これらの変化を要約すれば, 情報化によるリソースの流動性の向上は, これまで組み合わせられてきた活動とリソースの結合を分離し, それらを新たな組み合わせで再結合することで, 人間にとってより望ましい結果をもたらす新たなサービスの誕生を促す, といえる.

　このようにリソースと活動の統合パターンに組み替えが起こるという場合に, 第1章の4節で説明したように, リソースはそれが用いられる文脈のなかで, 初めてそのリソースとしての性質が生みだされるという点を思い起こしてほしい. つまり, 技術革新や, それによってもたらされる新たな活動, それを成り立たせる新しい制度を思い描くサービスのリフレーミングを通じて, 新たな活動の文脈が設定され, そこで利用される要素（潜在的リソース）のリソースとしての性質が発見されるのである. また, そのような新たなリソースネスの発見は, 従来からある製品やサービスの市場, あるいは業種や業界の壁を超えて, 潜在的なリソースを結びつけようとする発想から導かれることが多い. そのことは, 新たなサービスの実現に向けて, その文脈に関わる多様なステークホルダーに新たな連携の機会をもたらすことにもなる.

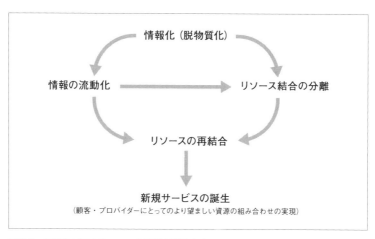

図 8-1　情報化が促すリソースの分離と再結合（Normann 2001 にもとづいて作成）

3　デザインによる意味の転換

（1）意味のイノベーション

　第4章の4節で，デザインの果たす役割として，問題解決と意味形成の二つがあることを述べた．人々の活動の文脈を中心に事業イノベーションの機会を探るということは，すでにある顧客の課題

を解決するだけでなく，顧客の活動に新たな意味を生みだすことにもなりうる．特に，今日のサービスは複雑化の度合いを高めているが，デザインによる意味形成は，そのような複雑性に人間が上手く対処し，またそれを活用するための武器となる．さらに活動とリソースの分離や再結合を通じて，既存のカテゴリーや領域と異なる事業の可能性を追求していくうえでも，それを活動やサービスの意味の変化と捉えることで，イノベーションのもたらす新たな価値を把握しやすくなる．

　サービスデザインは，ユーザーの現状のニーズや課題について，その文脈を捉えて問題状況を適切にフレーミングし，そこから新たなサービス機会を見つけ，実現する．そのプロセスに多くの専門的なデザイナー以外の人々も巻き込んでいくために，サービスデザイナーは方法の体系化を行い，またデザインツールを開発し，さらに共同デザインのワークショップのスキルを向上させてきた．しかし，ユーザーの現状から離れて，可能な未来を予想して新たなサービスを先回りして生みだす方法については，デザイナーの暗黙知や，デザイナー以外の専門家の力にゆだねられることが多い．ビジネスや社会におけるイノベーションへの高まる期待に応えるうえでも，サービスデザインの手法のなかに，より戦略的なサービスの意味形成や意味のリフレーミングの手続きを位置づける必要がある．

　ミラノ工科大学でイノベーション・マネジメント論の教鞭をとるロベルト・ベルガンティは，ユーザーニーズの理解にもとづいて解決策を導くアプローチでは，たとえ漸進的な改善がはかられたとしても，非連続的で飛躍的な変化をもたらすイノベーションを生みだすことは不可能であると指摘する[2]．それに代わって，主張するのは，あえてユーザーから距離を置く，「意味のイノベーション」の

方法である．意味のイノベーションとは，製品がユーザーや提供者によっていかに意味づけられるかに注目し，その意味づけがなされる生活上の文脈に生じる変化の機会を捉えて，その意味を大きく転換するように製品の新しい姿を導くというものである．

　ここでベルガンティが注目する製品の意味とは，その製品を使用する機能的な目的や，それを通じて満たされる内省的な欲求を指している．例えば，腕時計のスウォッチは，宝飾品としての高級腕時計や高機能な機器としてのデジタル腕時計に対して，カジュアルなファッションアクセサリーという新たな意味づけを行い，ビジネス的な成功を収めた．この場合，特に若者を中心として，腕時計を着用する生活の文脈の変化（ファッションのカジュアル化）に注目し，それを踏まえて腕時計に新たな利用の目的（気分やスタイル，季節によって付け替える）や，さらなる心の内の欲求（自分らしさを気軽に表現できる）を担わせるようにデザインが進められたと理解できる．

　また意味のイノベーションの事例として，ベルガンティはフィリップス社の取り組んだ，病院の CT スキャンのデザインプロジェクトを紹介している[3]．一般的に，CT スキャン装置の開発を行う企業の多くは，検査の速度の向上を目指して技術開発を行い，そのパフォーマンスの高さで製品やシステムを訴求している．つまり，より良い医療検査とは，素早く効率的に検査ができることを意味している．

　これに対して，フィリップスのデザイン部門は，患者の検診体験からストレスをいかに取り除くかを，より良い検査の意味と捉えた．特に小さな子どもは検査を怖がり逃げ出そうとするため，鎮静剤の投与が行われることも多い．またそのような不安は検査中だけでなく，検査の前後にも生じている．そこで，同社は LED 照明，ビデ

オ映像の投影装置，RFID 搭載のセンサー，音響のコントロールシステムなどを組み合わせて，子どもがリラックスした雰囲気の中で検査を行えるシステムを開発した．

このシステムの導入により，病院を訪れた子どもの多くが検査を怖がらずに受けられるようになり，その結果，鎮静剤の使用が大幅に減り，検査の効率にも格段の向上が見られた．

（2）意味づけのリフレーミング

ベルガンティの議論によって，イノベーションのために，製品の現状の意味づけについて批判的解釈を行い，新たな製品の意味形成を行う重要性がビジネスの世界でも徐々に認識されてきている．そのような製品やサービスの意味の転換は，既存の製品やサービスの使用価値や，それが寄与するユーザーの期待成果（内省的な欲求の満足を含む）を新たなものへと非連続的に変化させることによってもたらされる．つまり，意味のイノベーションは，製品やサービスを意味づける文脈のリフレーミングにともなって生じると考えられる．ベルガンティのビジネス的関心とは異なるが，第 3 章で紹介したシドニー工科大学のキース・ドーストは，困難な社会課題の解決にデザイナーが取り組んだプロジェクトの分析を通じて，デザイナーによるフレーム形成プロセスを詳細にモデル化している．

ドーストのフレーム形成モデルの概要を示すと，それは次のような全部で 9 つのステップで構成されている[4]．

① 考古学

問題状況を抱える主体のこれまでの活動と，初期段階での問題設定について分析を行う．

② パラドックス

問題状況の分析．解決を困難にしている要因や，その特性を把握する．

③ 文脈

問題状況が生起し，認識されている内集団のステークホルダーの行いや考え方について理解する．

④ フィールド

文脈の範囲の外にいる，将来の問題状況や解決策の可能性に関与する可能性がある潜在的なステークホルダーについて，その考えや意識を理解する．

⑤ テーマ

フィールドに関与する様々な主体のニーズや動機に共通して見られる，より根源的で，普遍性の高い価値を探求する．

⑥ フレーム

確認された中心的なテーマについて，それを実現するための方法やルール，モデルを表す有効な世界観や活動のアナロジーを，様々な作品（小説，映画など）や個人の経験談を参考に見つけだす．

⑦ 未来

対象とする問題状況を探索されたフレーム（アナロジーの活動の特性や実行原理など）によって再解釈し，関連するステークホルダーにとっての新たな成果や提案価値を検討する．

⑧ 転換

⑦未来で検討されたアイデアの実行にともなう，ステーク
ホルダーの戦略や取り組みに求められる変化について検討
する.

⑨ 統合

新たなアプローチから得られた知見を整理し，そのアプ
ローチのさらなる展開の機会について展望する.

このモデルの骨子は，問題状況に関与する内部関係者の文脈から，
潜在的なステークホルダーの文脈へと視野を広げ，根源的な期待価
値のテーマを探りだしたうえで，アナロジーやメタファーによって
問題状況を捉え直し，新しい解決策を導くというものである．ドー
ストのモデルは，厄介な問題と認識される状況から始まる点で，ベ
ルガンティの社内（組織内）における仮説の形成から始まるプロセ
スとの違いがあるが，いずれのアプローチでも，現状の当事者の課
題や価値認識を批判的に考察したうえで，それとは異なるコンテキ
ストや世界観から解決策＝製品を意味づける新たなフレームを導こ
うとする点で一致している.

4　サービスにおける意味のイノベーション

　それでは，ベルガンティの意味のイノベーションやドーストによる問題状況のリフレーミングのプロセスを踏まえて，イノベーションの機会を探るために，サービスデザインを，どのように展開できるだろうか．以下に，架空の食品スーパーマーケットのイノベーションを事例として，可能なシナリオを示してみよう．

（1）サービス文脈の批判的分析

　まずは，食品スーパーマーケットの一般的な利用文脈についてはすでに理解されているとする．次に，その認識を批判的に分析するためには，より広いフィールドに視野を広げる必要がある．そのような文脈の拡張の仕方としては，ドーストのモデルが促すように社会的な影響範囲を広げる以外にも，空間的な範囲や，時間的なスコープ，さらにそのコンテキストの捉え方の概念的な抽象度を上げる可能性が考えられる．食品スーパーマーケットを利用する意味は，「家庭料理のための食材の調達」という文脈で考えるのが一般的なので，概念的に拡張するのであれば，より上位の「家事」というカテゴリーに注目するのが妥当である．そこで，日本における「家事」に注目してみると，女性の社会進出，共働き世帯の増加，夫婦間の家事分担，ワークライフバランスなどが，そのフィールドを特徴づける主要な関心事として抽出できる．

次に，この家事というフィールドに関して，背後にある期待や欲求，価値のテーマや世界観の特徴について確認してみる．例えば，家事を負担や面倒な仕事として扱う考え方とともに，できるだけそれを効率的にこなすことへの期待が多くの人々に共通する認識として浮かび上がる．また，共働きの世帯についてみると，家事を夫婦間で上手く分担して，それぞれが家庭と仕事の両立をはかることも，共通の認識として挙げることができる．ここで，それぞれのテーマの前提にある，家事の文脈に限定されないより普遍的なテーマや世界観をフレームとして把握する．まず前者のテーマの背後には，「面倒に感じる仕事はできるだけ効率的に，要領良くこなすことが望ましい（効率的な任務の遂行）」といったフレームが，また後者についても，「チームのメンバーが納得できるように，仕事を平等に分担する（作業分担）」といったフレームが，それぞれに見つけられる．

（2）サービス文脈のリフレーミング

このような普遍的なテーマやフレームを前提に，直接的にサービスのアイデアを検討することもできる．しかし，その方法では，現状の課題認識にそのまま応える解決策提案型のサービスにとどまってしまう．意味のイノベーションは，これらのテーマの背後にある認識やフレームを転換することによって，新たなサービスのビジョンやコンセプトを導出する．つまり，先に検討した家事の文脈であれば，あえて「効率的なタスクの遂行」というフレームとは対極にある，「創造的な活動への挑戦」といったフレームに，また「作業の分担」というフレームに対しては，「チームワークやコラボレー

ション」といったフレームへの転換をはかり，新たな世界観から家事や家庭の食事のあり方を検討するのである．

このようにイノベーションの目標を，人々の認識の前提にある構造やフレームからの脱却とすることで，新たなフレームを，様々な領域から探しだせるようになる．例えば，「効率性も重視される活動において，創造性への挑戦を同時に成立させる」という目標を設定したならば，ちょうど本書のテーマとである「デザインのプロジェクト」という，家庭の食事とはまったく異なる分野のフレームを参照できるようになる．一般的に，デザインのプロジェクトでは，定められた予算と時間の範囲において，与えられた課題に対して，創造的かつ効率的に答えを導くことが求められ，それを叶えるための手続きやチームの編成方法などに，様々な工夫がなされている．また，「作業の分担からコラボレーションへの転換」については，「チームスポーツ」の世界観が，家事を捉える新たなフレームの候補となる．チームスポーツでは，ゲームの状況に応じて，各プレイヤーが臨機応変に必要な役割を察知して振る舞い，また相互に連携をはかることで，チームとしてのパフォーマンスを追求しながら，個々の自由と責任の両立をはかっている．

（3）新たなフレームによる意味形成

そこで，「デザインのプロジェクト」や「チームスポーツ」を新たな家事の活動を捉えるフレームとして採用したとしよう．すると，これらのフレームが表す世界観の特徴に注目して，スーパーマーケットを利用する活動の文脈を新たに構成し，そこからスーパー

マーケットの新規ビジョンを検討できるようになる．例えば，「チームスポーツ」というフレームに注目すると，その活動世界のなかに，臨機応変なチームのコラボレーションを可能とするためのヒントが見つかる．目標設定や戦略会議に始まり，トレーニングと試合，試合後の振り返りに至る活動のプロセスや，監督，コーチ，選手，サポーターといった役割や選手のポジショニングによる責任範囲の設定，トレーニング施設や競技場などの環境の特性が含まれるだろう．これを夫婦の家事や家庭料理の支度の活動にメタファー（類推）として当てはめていけば，チームスポーツのように夫婦（やその他の家族の）コラボレーションで展開する炊事の体験世界を描きだすことができる．その結果，スーパーマーケットに，家庭料理の計画や家族のコラボレーションの戦略づくりを指導するコーチとしての役割や，調理のトレーニングの機会や場所の提供といった新しい役割が設定されることになる．さらに，その機能やイメージを具体化させていくことによって，新たな意味を持つサービスのビジョンが描きだされる．

　以上は，サービスの文脈のリフレーミングによって事業イノベーションの機会を探索するプロセスの素描であるが，現状のユーザーニーズを離れて，新たなサービスの可能性を検討する手続きの特徴がわかるだろう．サービスの新たな意味を探るアプローチの有効性は，それによって生みだされたビジョンやコンセプトが，直ちに受け入れられるかどうかという点によって評価されるべきものではない．むしろ，それは既存のユーザーやステークホルダーの前提認識とは異なる価値の世界を提示することで，新たな気づきや期待，共感を呼び起こすことをねらいとする．その点に関連して，ベルガンティは，『デザイン・ドリブン・イノベーション』のなかで，転換

された製品やビジネスの意味や魅力を、ふたたびインタープリターの力を借りて世の中に伝えていくことの重要性を指摘している[5]。なぜならば、製品の意味が変化することの意義について理解し、またそれがもたらす価値に共感し、さらに自らの行動習慣として取り入れていくことは、多くの人々にとって容易ではなく、適切なコミュニケーションが必要となるからである。さらにベルガンティは、そのような新しい意味の理解や共感を促すプロモーションのためには、書籍や展示会、イベント、表現物などの多様な形態の「文化的なプロトタイプ」によって、新たな製品の意味を表現するのが有効だとしている。

　本章では、サービスデザインが、顧客の活動の文脈に着目して新たな事業機会を探索していくアプローチの特徴について述べた。特に、イノベーションへの期待から、デジタル技術の発展に、既存の活動とリソースの組み合わせのパターンを大きく転換（分離と再結合）させる可能性を見出すこと、さらに、それをサービスの意味の転換と結びつけることで、顧客や企業にとって、かつてと異なる価値や発見をもたらす事業機会が戦略的に導かれることを見た。
　しかし、そのような事業創造を実行するには、サービスデザインが組織のなかに上手く取り入れられる必要がある。

サービスの意味とブランディング

　様々なタッチポイントを統合して複雑に構成される今日の多くのサービスにとって，サービスの明確な意味づけは欠かすことができない．ユーザーの活動世界のビジョンや，それを支援するサービスの意味が明確になることによって，個々のタッチポイントにおけるサービスの振る舞いや，それらとの相互作用を体験するユーザーの一連のジャーニー，そしてサービスを利用するユーザーの活動の文脈の間に一貫性を保てるようになるのである．

　このことは，サービスのブランディングとインタラクションのデザインをつなげていくことに密接に関わっている．しばしば，サービスの特徴や魅力を顧客に伝えるブランドコミュニケーションの内容が，実際のサービスの利用体験からもたらされるサービスの印象と一致しない，あるいは矛盾するといった事態が起こる場合がある．例えば，それは，あるフランチャイズのコンビニエンスストアの企業広告で伝えられるサービスのイメージと，実際の店舗の内装や接客態度から受ける印象が一致しないといった状況だ．

　そのような事態を避けるため，サービスデザインでは，サービスの意味やビジョンを反映したブランドアイデンティティーを明確に規定して，それを適切な行動的特徴を持った人格（サービスパーソナリティ）に置き換え，さらにそのような人格の特徴を，サービスを構成するタッチポイントの選択やインタラクションのデザインへと矛盾なく展開していく．このように，サービスの意味と振る舞いとの一貫性を保とうとする姿勢は，サービスの認知とユーザーの体験をより良いものにするだけでなく，サービスに携わる従業員の適切な行動を促すうえでも有効に機能する．

組織のサービスデザイン

ある組織がサービスデザインを導入するということは，自ずとサービスに携わる人々の働き方や，サービスの運営する組織のあり方を変えていくことになる．第9章では，そのようなサービスデザインと組織との関係について見ていくことにする．

1　従業員のエクスペリエンス

(1) なぜ従業員体験が重要なのか？

　近年，国内外でカスタマーエクスペリエンス（CX）の重要性を認識する企業が増えている．顧客から肯定的な評価を得ることを期待して，カスタマーエクスペリエンスの改善に積極的に取り組み始めた企業も多い．第5章で述べたように，サービスデザインの観点から見ると，サービス体験の向上には，単にフロントステージにおける顧客とのタッチポイントを改善するだけでなく，それに関連するバックステージのシステムやプロセスをより良くデザインすることが不可欠となる．従来のサービスデザインの活動では，フロントステージについては，ユーザーや顧客体験を重視し，バックステージについては，主に技術的なシステムの活用や業務のオペレーション

に関心が寄せられてきた．しかし，近年は，顧客体験と同様に，個々の従業員の体験についても重視する傾向が強まってきている．

　特に，接客に携わるスタッフは，常に顧客の喜びや満足のためにいかに振る舞うかという課題と向き合っている．接客における最良の顧客サービスは，自らの業務を楽しみ，積極的に動機づけられた従業員によってもたらされる場合が多い．Apple やスターバックスの店舗で感じられるように，そこで働くスタッフは，そのブランドの熱烈なファンやエバンジェリスト（伝道者）として，活き活きと客に接していて，顧客の共感や信頼を得るうえで有効に機能している．サービスの提供に関わる従業員の働く動機が高められるように，様々なツールやプロセス，設備によってその業務を支援することが，結果として顧客体験の向上にも大きく寄与する．サービスデザインが，スタッフの体験にも焦点を当てる理由はそこにある．

　もちろん，サービス提供に関わるスタッフにとって，その業務を有意義なものと感じられるかどうかは，顧客に高く評価されるサービスを提供できているかどうかに懸かっている．当然，そのような評価を得るには，スタッフは，顧客のニーズや欲求，不安などについて適切なイメージを持たなければならない．何が顧客にとって重要で，何が価値をもたらすかが把握できなければ，期待に応えることは困難になる．ところが，サービスを行うスタッフは，ときに顧客の願望について誤った仮定をしたり，それを自分が正しく理解していない事実を認めたがらない場合もある．

　フィンランドを代表するサービスデザイン・コンサルティング会社 Hellon で従業員の体験を担当するキルシッカ・バーヤカリオは，様々な企業のプロジェクトにおいて，従業員の顧客への理解を促すために「共感ビデオ」と呼ばれるツールを利用している[1]．共感ビ

デオとは，顧客がサービスを利用する日常生活を短いストーリーで描いた映像のことで，サービススタッフが顧客の視座や視点に共感するのを手助けする効果を持つ．また，新しいサービスのアイデアを生みだす，顧客を助け喜ばせる，スタッフの研修に用いる，といった様々な用途がある．

　サービスデザインは，このようにして従業員による顧客の理解を促進するが，それと同時に，従業員が顧客に対して誤った仮定をしてしまう原因にも注意を払う．顧客体験が期待や願望，恐れなどの感情によって形作られるのと同じように，従業員の体験もそれらに影響を受けており，それゆえ，両者に同じような関心が向けられる必要がある．もし，組織がそのような従業員の体験を理解しなければ，顧客視点に立ったサービスの改善や新たなサービスの導入は難しい．つまり，サービスは顧客にとって望ましい体験を可能とするだけでなく，現場の従業員のニーズや期待に応えるものでもなければならない．顧客にとっても，従業員にとっても有意義なサービスを相互に共創するために，そこに関わるすべての要素がデザインの対象となるのである．

（2）顧客と従業員の体験を同時に改善するメリット

　バーヤカリオが参加した，ある銀行の顧客体験の改善プロジェクトでは，顧客のファイナンス・アドバイザーに対する満足度と，アドバイザーや銀行全体への信頼度の向上をはかる目的で，従来とは異なる新しいサービスのモデルと接客方法を，顧客のインサイトにもとづいて導入した[2]．そのモデルには，来店した顧客の歓迎の仕

方や，相談のための丸テーブルの設置，くつろいだ雰囲気づくりなどが含まれていた．

このプロジェクトでは，デザイナーたちは接客スタッフの体験についての充分な調査を行えなかったが，従業員のなかに，新しいモデルの導入に対して批判的な者がいることは把握していた．その批判は，個室として利用できる会議室が無くなってしまうことや，すべての従業員が入り口で顧客を出迎えなければならなくなることなど，業務に求められる変化が要因となっていた．そこで，デザイナーはデザインワークショップの開催を銀行の経営者に提案し，新たなサービスモデルを実際に試しながら，従業員が抱く恐れや不安に対する解決策を共同で見出すことになった．

新たな銀行の支店の開設後，直ちにそのワークショップは開催され，従業員は，お互いのノウハウや成功体験を共有し，同時に，そのサービスモデルが顧客体験を損なうことなく，自分たちの日々のニーズをより上手く満たすように改善案を検討した．ワークショップの開催は，新たな業務の実践を，より肯定的な雰囲気のなかで進めていくことに寄与したが，実際に従業員の態度が改善されたのは，顧客がそれらの変化を賞賛するようになった後のことである．このように，新たなサービスの成功のためには，従業員を巻き込んで，成功体験を共有し，新たな行動が顧客にもたらす価値の理解を確かめていくことが効果となる．

また，この銀行では，顧客と従業員の体験を相互により身近で，協調的なものとするために，店舗内の空間を，顧客が自らのニーズを従業員との共創によって満足させるプラットフォームとして設計することを決定した．例えば，丸テーブルは，顧客とスタッフが仲間どうし並んで座っているように感じさせ，互いの信頼感を醸成し

た．またタブレット型コンピュータが導入され，顧客と従業員が同じ画面を覗き込めるようにした．装飾，材質，色彩をくつろいだ雰囲気にすることによって，従来感じられていた対立的な雰囲気や否定的な感情が最小限に抑えられ，両者の距離がより近く感じられるようになった．

　このように，共同デザインワークショップの開催や顧客理解の支援の効果に加え，顧客に好まれるサービスの実行をサポートする各種の設備やツールの導入によって，従業員に行動変容と新たな業務に対する肯定的な態度が促されるようになったのである．

（3）組織に課せられるチャレンジ

　この事例からも，顧客と従業員の体験をコインの表裏と捉えて，サービスデザインを進めていくことの大切さがわかる．しかし，バーヤカリオは，そのような取り組みの実践は，組織に新たなチャレンジを課すことにもなる，と指摘する[3]．

　第一に，より良いカスタマーエクスペリエンスを理解し，開発し，提供することは，必然的に組織や職能を横断する活動を促す．ところが，そのような包括的なデザインの考え方の導入は，結果として，部門間の障壁を弊害として浮き立たせることになる．つまり，顧客や従業員の体験の開発によって，組織内の権力関係，責任の分担，個別の予算などに見直しが迫られるのである．

　第二に，従来のサービスデザインのプロジェクトは，顧客体験に集中してきた．そのため，スタッフの役割や業務のプロセス，教育といった，従業員体験の中心にあって，しかも顧客体験に多大な影

響をもたらすものを軽視しがちであった．これらの課題を乗り越えるためには，当然ながら，経営トップの関与とサポートが必須となる．サービスデザインの実行にとって，経営トップが，組織の内と外の両面において，共感や人間的な価値に注目し，事業改善のためのデザインの役割の認識を高めることの重要性が高まっている．

　バーヤカリオは，組織の経営トップを巻き込んで，顧客と従業員の体験をデザインするうえで重視すべき指針として，次の4つを提示している[4]．

① 数値的なデータやビジネス上の効果を含めて，成功事例を収集する．それらの事例を，できるだけ情緒的な反応を引き起こし，記憶に残りやすくするように，ナラティブ＝物語として共有する．経営トップのために，それらの事例の理解を促す創造ワークショップを開催する．

② 顧客と従業員の体験になんらかの関係を持つすべての利害関係者を，初めからプロジェクトに巻き込む．適切な目標設定から新たな解決方法の共同デザインまでを一緒に進める．プロジェクトのすべての行事を効果的で示唆深いものとなるように工夫する．顧客の声を共通の土台に据える組織デザインの能力や実行力に意識を配り，手法やプロセスを適切に利用する．

③ マインドセットを変えるための組織内コミュニケーションに投資する．共感的で高い品質のビデオ映像や，その他のナラティブ（物語の表現）を用いる手段の利用にはコストがともなうが，様々な機会や目的で活用できる．

④ 顧客と従業員の体験を組織全体に推進する人物を決める．サービスデザインの方法をより自然で示唆深いものであることを理

解していることがその人物の条件となる．強い動機を持つ人材に教育や同僚の支援，ツールを提供して，新たな実践を開始するスポークスマンとして活躍させる．

　この指針からもわかるように，サービスデザインとは，顧客と従業員の体験を，両者の価値共創が生じるように，より良いものとしていくことであり，また組織がそのようなサービスを実現することは，顧客の行動とともに，従業員の振る舞いや組織のあり方を変えていくことを意味している．

2　働き方をデザインする

(1)　変化する働き方

　前節で述べたように，サービスの改善や誕生は，ユーザーである顧客の体験だけでなく，サービスを提供する従業員の働き方や組織のあり方にも変更をもたらすことになる．したがって，サービスデザイナーの役割には，単にサービスのアイデアやプロトタイプを生みだすことにとどまらず，実際に運用されるサービスのあり方に変

化を起こすこと，それにともなう働き方にも変化を生じさせることが含まれる．実際に，多くの素晴らしいサービスのアイデアが，その実装の過程で上手く実現できない事態も起こりうるし，顧客も従業員も，期待通りには振る舞わない場合が少なからずある．特に，従業員にとっては，必要なサポートが充分に得られない，従来の組織の文化と合わないなどの理由によって，新たなサービスの実行に必要な働き方モデルへの移行が阻まれたりもする．近年の多くのサービスには，様々なハードウェアやソフトウェア，そしてネットワークの情報技術が組み入れられる度合いが高まっている．しかし，人間の意識や振る舞いの変容には，そのような人工的なシステムの入れ替えや新しいプログラミングとは異なるアプローチが必要となる．

優れたアイデアのサービスが実際には期待通りに機能しないという事態から新たな気づきや学びを得ること，また容易ではない変化のプロセスを上手くマネジメントすることは，サービスデザインのプロジェクトにとって重要な課題となる．つまり，サービスデザインは，常に「行動の変容」というテーマと一体になっており，サービスデザイナーに求められる技能も，サービスのコンセプトや仕組みをデザインする能力から行動の変容を促す技能にまで拡がってきている．

人間が変化に対して不安を感じるのは自然なことである．たとえその変化が自分にとって有利に作用することがわかっていても，多くの人々は，従来の振る舞いに情緒的な絆を築いており，簡単には断ち切ることができない．また人間は社会的な生き物であり，ある集団のなかで，なんらかの土台となる価値や文化を共有しながら行動している．日常的に，同僚の振る舞いや評価のされ方を模倣しながら，自らの行動をそれに適応させていく．ところが，いったんそ

の集団にふさわしい働き方を身につけると，その振る舞いについて疑問を呈することを止めてしまうのである．サービスデザイナーは，こうした反応を変化が起こらない兆候としてではなく，新たな学びが起こる兆候として受け取る必要がある．そのような感情を理解し，それに共感すると同時に，学びのプロセスを調整していく役割が求められる．なぜ人々が旧来のモデルに執着し，そこから離れることを困難に感じているのか，何がそこからの変化を動機づけできるのかを理解するためには，組織への共感力がなくてはならない．

　また，新たなサービスの実行にともなう働き方が導入され，それが定着するということは，すなわち従業員が新たな働き方の習慣を形成するということを意味する．心理学や脳生理学の習慣形成の説明によると，人間はトレーニングを通じて，行動のルーチンの開始を促すきっかけとなるキュー（合図），ルーチン化された行動，そして，その行動に時間やエネルギーを費やしたことに対するなんらかの報酬の結びつきを学習することで，新たな習慣が形成されると考えられている．組織への共感力にもとづいて，そのような習慣形成のための可能な方策を探ることが促される．

（2）変革の共同デザイン

　このような従業員の行動変容に関連して，フィンランドのサービスデザイン・エージェンシー Palmu のサービスデザイナーであるレイマ・ロンホルムは，サービスデザインのプロジェクトを通じて従業員の新たな働き方に対する学習や習慣化を促す，以下の 4 つのテクニックを紹介している[5]．

① アイデアを見える化し，試せるように提示する

単に話し合うだけではなく，プロトタイプを用いて体験的に説明することが大切.

② 現場の担当者を主役にする

他者にアイデアを説明する経験を通じて，その内容を自分ごととして信じられるようになる.

③ より多くの選択肢が，より強いコミットメントを引きだす

オプションのなかから自ら選択することによって，その選択した行為に対する個人的な責任や関与が生じやすくなる.

④ チャレンジを与える

適切な問題やソリューションの発見に導くための，小さな挑戦が連続する道筋を構築する.

このような人間の行動変容を促すテクニックの活用は，欧米を中心に広まりつつある，行動経済学や心理学の研究成果をデザインに応用する「行動変容のためのデザイン」のアプローチとも関連する. 現在のところ，その手法は主にヘルスケアやフィットネス，省エネや交通安全，防犯などの領域に適用されており，その目的は，製品やサービスのユーザーがそれらの利用を通じて，個人や社会，環境にとって望ましい方向に行動を変化させていくことに置かれている. また，現在主流のアプローチでは，製品やサービスのインタラクション，情報コミュニケーション，設備や環境といった，対象や手段へのデザイン的な介入に焦点が当てられているが，今後は，製品やサービスを生みだし，提供する側のスタッフや組織における行動や文化の変容へのアプローチを整備していくことが期待される.

組織の部外者としてコンサルティングを行うサービスデザイナー

は，その中立的な立場を活かして，プロジェクトの全体像を見失わないように，変革のプロセスをマネジメントできる．しかし，サービスデザイナーは，組織の助けなくしては，何も実行できない．すべての組織文化や行動の変革は，内部で組織を動かしている人々とともに起こる必要がある．そのような変革のファシリテーターの目標は，変化を脅威ではなく，チャンスに置き換え，それを実行するに不可欠な組織内の様々な力をつなぎ合わせることにある．変化への不安や抵抗を上手く回避する手立てを持てれば，多くの資源とエネルギーを無駄に費やさなくてもすむようになる．そのためには，プロジェクトの初期段階から多くの従業員を巻き込み，開かれた雰囲気と真摯な態度で対処すべき問題に立ち向かうように促すことが有効な戦略となる．つまり，多くの人々が変革の共同デザイナーとなるように誘いかけるのである．

　変革の共同デザインは，組織内の人々が共にサービスを生みだすことであり，その経験を通じて人々が意義ややり甲斐を実感し，変革の牽引役となることを意味する．変化が日常のルーチン，プロセス，リーダーシップに関して起こるようになれば，組織全体へと広がり，その内部の動き方に影響をもたらすことになる．ただし，組織内の様々な階層に参加を促すことは容易ではなく，下手をすれば，プロジェクト自体が中止に追い込まれる危険性もある．そのため，変化のための共同デザインは，できるだけ慎重に行われる必要があり，サービスデザイナーは，交渉力，動機づけの技能，心理学の知識などを身につけなければならない．言い変えるならば，そのようなファシリテーターとしての役割は，デザイナーと呼ぶよりも，セラピストと呼ぶ方がより適切ともいえる．

行動変容を助けるデザイン

　近年，日本でも健康を意識した生活習慣の改善，省エネ，環境負荷の低減，あるいは働き方の改革のように，行動や習慣を個人にとって，また社会にとってより望ましいものに変えていくことに関心が高まっている．そのような行動変容を促すデザインを推進するスティーブン・ウェンデルは，その著 *Designing for Behavior Change* のなかで，その特徴を次のように説明している*.

　あらゆる人は行為を決定するにあたって，その人がもつ過去の経験，性格，知識，信条のみならず，利用する道具や行為の場所，家族，友人や同僚の存在，行為の結果としての報酬（や罰則）の有無，さらに，その行為の実行可能性，それにともなうタスクの有無，といったさまざまな要因に作用されている．つまり，人間の意思決定は，その行為の主体，その行為の環境，実行（または抑制）が期待される行為そのもの，という3つの要因に影響を受ける．したがって，人にある行動を促すことを目的とする製品やサービスのデザインでは，これらの側面のそれぞれに対して以下のような検討を行う．

　① ユーザーの行為に対する認知に働きかけて，行為への態度を促す
　② 行為を促進，支援するように行為の環境を整備する
　③ 行為そのものをユーザーにとって実行可能で魅力的なものに構成する

　実際に，①については，行動だけでなく，自己イメージや社会についての認識の仕方を変える可能性が考えられ，②については，スマホなどの製品を利用した，行動の合図や動機付けの仕掛けが組み立てられ，さらに③に対しては，行為の負担をユーザーから軽減する手続きの改良や製品による代替（自動化）が工夫されることになる．このように，人間の認知的・身体的リソースと環境のリソースとの適切な統合を働きかける行動変容のデザインは，今後サービスデザインの方法と組み合わされることで，その応用範囲を広げていくものと期待できる．

---

* Wendel, S.（2014）. *Designing for Behavior Change: Applying Psychology and Behavioral Economics.* O'Reilley, pp.111-112.

3 デザイン戦略を策定する

（1）変革の目的はなにか？

　サービスデザインによってサービスや従業員の行動，組織の文化や振る舞いに変化をもたらそうとするとき，そのプロジェクトが何を目的としているのか，また組織の人々が，その取り組みをどう受け取るのかによって，その効果に大きな違いが生じる．逆にいえば，目的が曖昧なまま，変革への足並みが揃わない状態で臨むプロジェクトは，失敗に終わる可能性が高い．表 9-1 は，エレベーターやエスカレーターの製造・販売で知られるフィンランドの KONE 社で，サービスデザインの管理責任者を務めるパウラ・ベロによるもので，サービスデザインの実行に先立って，組織が自らの置かれた状況を診断するためのマトリクスを表している[6]．

　まず横軸は，組織が何を目的に変革を遂げようとするかについて，当事者に明確に認識されているか，されていないかの違いを表している．ここでいう目的には，ビジョン，すなわち企業が描く理想の未来と，ミッション，つまり何を，誰のために，どのように実行するかについての理解が含まれている．また縦軸は，組織の人員が，変革に対して肯定的なのか，否定的なのかといった意識や態度の違いを表している．この 2 軸を組み合わせると，表 9-1 のように，4 つの象限によって，組織の置かれた異なる状況が表されることになる．

　次に，表 9-2 のマトリクスは，先のマトリクスで確認された，4

表 9-1　組織変革の状況診断（Bello 2017 にもとづいて作成）

我々は実行と変革への準備ができている	**A**		**B**	
理由さえわかれば、変わることはやぶさかでない	「我々は変われるだろう。なぜなら、どこに向かうべきか確実にわかっているから。」		「我々は変わることができるが、どこに向かうべきか、わかっていない。」	
努力すれば変われるが、簡単ではない	**C**		**D**	
変わりたくないし、変わる気はない	「たとえどこに向かうべきか知っていたとしても、我々は変わりたくない。」		「我々は変われないし、変わらない。どこに向かうべきかわからないから。」	
	何を達成すれば良いか、そしてどう実現するかわかっている	ある程度なぜそれをすべきか、どうすれば良いかわかっている	それをどうやってやれば良いかわからない	なぜそれをやるのか理解できない

　つの異なる状況のそれぞれに対応して，組織にどのようなタスクが求められ，またサービスデザインがそれをどのようにサポートできるかを表している．それぞれの象限には，実行されるサービスデザインのプロジェクトが何に焦点を当て，どのような問いに答えを導き，またそのために，いかなる代表的ツールの利用が候補として考えられるかが記載されている．

（2）組織ごとのデザイン戦略

① 象限 A のケース —— 変革に集中する

　ベロが所属する KONE では，かつての製品エンジニアリングの

表 9-2　組織の状況に応じたサービスデザイン課題の設定（Bello 2017 にもとづいて作成）

	明確で特定的「何が必要かわかっている」	不確定「何が必要かわからない」
肯定的「我々はできる」	**A**　変革に集中する「ユーザー / 顧客中心の組織となるために、どう変わることができるのか？」ツール：ライフサイクルマップ、ラピッドプロトタイプ、サービスステージング、サービスオファリング、サービスブループリント	**B**　ミッションの定義に集中する「その未来の実現のために、何をしなければならないのか？」ツール：コンテキストマッピング、文脈調査、カスタマージャーニー、デザインシナリオ、サービス・ロードマップ
否定的「我々はできない」	**C**　チームの絆をつくることに集中する「そのビジョンを達成するために、チームに何が必要なのか？」ツール：ステークホルダーマップ、サービスサファリ、シャドーイング、プローブ、ある日の 1 日、期待マップ、ペルソナ、ロールプレイ	**D**　ビジョンの形成に集中する「どんな未来を得たいのか？」ツール：5whys、ビジネスモデルカンバス、価値モデルカンバス、What if、ストーリーボード、フューチャーシナリオ、アイデア形成

考え方から，顧客とユーザー中心のサービスの考え方への転換をはかるべく，同社のビジョンやミッション，顧客価値についての大幅な見直しが行われ，組織全体にその変革の意義や内容についての理解が共有されていた．また，それと同時に，大きな変革を遂げるに必要な資源をどのように配分し，どのように迅速に意思決定を行うかも課題として認識されていた．つまり同社の状況として，明確な変革の目的とそれに向けた積極的態度が組織内で共有されている．このような場合，戦略設計から，従業員，顧客との絆をさらに強めるような小さなプロジェクトなど，様々なレベルでサービスデザイ

ンを組織に導入する効果が期待できる．ベロによると，KONE のような大きな組織の場合，まずは小さな投資で実行可能なプロジェクトから始めて，その便益を具体的な形として表すことによって，サービスデザインが組織にいかなる効果をもたらしうるかを検討していくことが有効だとしている．つまり，実際の効果を示すことによって，単に潜在的な可能性を口頭で解説するよりもはるかに強力な対話を引き起こせるというのである．

② 象限 B のケース —— ミッションの定義に集中する

　もし企業が明確な長期的ビジョンや戦略を持っていて，まだミッションが明確になっていないならば，マトリクスの象限 B の状況にある．その場合，そのビジョンを，顧客や投資家にとって魅力的な提案価値を持つ具体的な製品やサービスに翻訳することが求められる．そのとき，サービスデザインによって事業機会や課題をできるだけ明確に把握し，資源を集中させることが有効である．

③ 象限 C のケース —— チームの絆をつくることに集中する

　歴史ある同族経営の会社が，経営者の世代交代を機会に，それまでのビジョンやミッションの見直しを通じて，事業モデルや組織の大きな変革に取り組むといったことがある．しかし，そのような改革にともなって，長らく続けてきた働き方の変更に対する大きな抵抗が生じることも起こりうる．このような状況においては，組織内外のコミュニケーションや絆の形成が不可欠となる．この場合，従業員をビジョンやミッションの再定義のプロセスに巻き込んで，従業員自らその変革に参加していく役割と意識を持たせるようにする点で，サービスデザインの導入は最も大きな効果が期待できる．ま

た，その組織が続けてきた取り組みとの違いや，競合他社との差別化の必要性を顧客視点から理解するうえで，新たなサービスのカスタマージャーニーを定義するという取り組みも考えられる．

④ 象限 D のケース ── ビジョンの形成に集中する

多くの小規模なスタートアップ企業の場合，創業者や，その仲間としての従業員が，ユーザー中心の発想をすでに身につけて実践していることも多く，通常は企業の新たなチャレンジに対しても上手く動機づけがなされている．その一方で，資金調達のために投資家を説得できるように，事業の目指すべき将来の方向性を明確かつ適切に設定しつづけていく必要がある．あえて事業を批判的に捉え，より長期的な視野で何を達成すべきかを明確にしなければならない．サービスデザインの手法としては，複数の未来の向かうべき姿と，それにともなうサービスや事業のシナリオを選択肢として描きだし，その妥当性を検証していくことが考えられる．

このように，組織へのサービスデザインの導入といっても，その活かし方は，組織の置かれた状況によって大きく異なる．プロジェクトが開始される前に，組織のデザイン的な診断によって，適切な目標や，それに応じたデザイン手法やツールの利用を決定していくことが重要である．

4　戦略的パートナーシップのデザイン

（1）プレデザインの重要性

　サービスデザインは，企業と顧客の，組織内のコラボレーション
を促すだけでなく，組織を超えた企業間の戦略的パートナーシップ
を構築するうえでも重要な役割を担うことができる．実際，多くの
経験を積んだサービスデザイナーが，パートナーシップの可能性を
探る2社間の連携を生みだす際に，中立的なファシリテーターとし
てそのプロセスに貢献している．

　以下では，サービスデザインネットワーク・デンマーク支部の創
立者であるカトリーヌ・ラウがまとめた，B2Bの戦略的連携におけ
るサービスデザインの意義と効果について見てみよう[7]．

　ラウは，まず，戦略的パートナーシップの構築にとって，サー
ビスデザイナーの技能が有効に働くのは，実際のプロジェクトがス
タートする前の段階だと指摘する．この段階では，両社に協業の可
能性を探る重要な問いが投げかけられ，対話が促される．その対話
を通じて連携の内容について合意がなされると，デザインの活動を
通じてユーザーや事業にとっての新たな製品やサービスの必要性が
徐々に明らかにされていく．

　このような企業間のパートナーシップを築くための対話では，何
よりも，両社の事業機会に戦略的な重なりが存在することを確認し，
連携の可能性を発見することが必要となる．ここで，対話の目的が
取引に関する商談でなく，戦略的な事業連携の機会の探索となれば，

当然そのような対話を促すための専門的なスキルが求められることになる．ラウは，そのような対話をサービスデザイナーが中立的に方向づけることが有効であり，戦略的連携ワークショップを準備，開催し，進行することが大きな効果をもたらすという．戦略的な連携関係の構築のためには，互いの企業の特異性が発揮され，両社が共に尽力できる強力なビジョンを設定して，それぞれの企業の目標が同時に満足されるようになることが成功の条件となる．そのため，各ステークホルダーがそれぞれの目標や特異なリソースや提供物を設定し，いつ，どのようにして協業を行うべきかについての戦略を策定する．連携の機会があまりにも少ない，あるいは，それほど両社にとって有意義なものでなければ，そのパートナーシップの成功の確率は小さなものとなる．そのため，適切かつ影響力のあるステークホルダーにこのような前行程のワークショップに参加させ，その時間が充分に割かれるように調整することが重要となる．

（2） サービスデザイナーの役割

ラウは，戦略的連携ワークショップの各段階の手続きについても概要を示しているが，ワークショップを通じてサービスデザイナーに一貫して期待されるのは，各ステークホルダーが互いのニーズや課題，事業機会を共有する場を生みだしていくことである．はじめに，企業 A が解決したい課題についてのアイデアを持っていて，企業 B はそのアイデアに寄与できる業務リソースを持っているとすると，それが最初のワークショップの出発点となる．ワークショップの議題や目的，進め方のルールを共有した後，企業 A は現状認

識と，焦点を当てようとしている課題を表明する．それに対して，企業 B はかつて取り組んだソリューションや課題解決への現在のアプローチについて表明する．

　次に，各ステークホルダーとサービスデザイナーは，「もし我々が〜を行ってみたとしたら？」という What if 形式の質問を投げかけることで，パートナーシップに向けた機会を想像的に探っていく．それによって，各ステークホルダーは，企業 B が類似の課題の解決に用いた方法を活用して，企業 A の課題を解決するための連携機会を特定し始める．各ステークホルダーが考えうるすべての機会を確認したところで，カテゴリーごとに整理し，それについて討議する．ひとたび連携についての合意がなされると，サービスデザイナーは，その段階で，いかなる開発イニシアチブをその連携のために優先すべきかについてのファシリテーションを行う．ただし，優先順位を決定するのはサービスデザイナーの役割ではなく，あくまでステークホルダーによる順位づけを支援することに徹底する．

　その後，ワークショップでの対話は，特定のターゲットや，その集団を代表する架空のペルソナを仮定するところまで踏み込んでいく．ペルソナを共有することによって，ステークホルダーの間にユーザーのニーズや優先課題についての理解や共感が促される．そして，ワークショップ終了時には，各ステークホルダーが，それぞれの役割と責任を明確に認識していることが目標となる．

　戦略的連携ワークショップを通じて，異なる企業の相互理解が深まり，それぞれの特異性が新たな価値共創のリソースとして評価され，その共創機会を実現するためのビジョンと役割がサービスデザイナーによって効果的に導かれる．しかし，そのようなワークショップの意義は，単にある企業の課題を別の企業のリソースを用いて解

決する機会を見つけることにとどまるものではない．むしろ，「も
し両社が〜を行ってみたとしたら？」という形式の適切な問いをス
テークホルダーへ投げかけ，各企業の現状の課題やリソースに対す
る認識のリフレーミングを促すことで，新たな連携機会をより創造
的に生みだしていくことが重要であり，その役割がサービスデザイ
ナーに期待されているのである．

　本章を通じて示されたように，サービスをデザインするというこ
とは，サービスを利用する顧客の体験とともに，それに関わる従業
員の働き方や，その意識や体験，そして組織のあり方を含めて包括
的にデザインすることを意味する．したがって，サービスデザイナー
は，従業員や経営者の意識や行動を変化させることをデザインの活
動に明確に位置づけ，そのための技能を備える必要がある．そして，
その役割と能力は，組織の人々に気づきや学び，そして新たな発想
を促すだけでなく，異なる組織どうしの戦略的連携を導くうえでも
大きな成果をもたらすことになる．

第 10 章

公共のサービスデザイン

近年，イノベーションの必要性はビジネスの世界にとどまらず，公共的なサービスや政策の領域においても盛んに指摘されるようになってきている．その有望なアプローチとして，サービスデザインへの注目が次第に高まっており，実際に多くの国々でその導入が進んでいる．サービスデザインネットワークでは，2016年12月に公共部門におけるサービスデザインの適用の効果についてまとめたレポートを公開した[1]．このレポートでは，実際の公共サービスづくりや政策づくりへのデザインアプローチの導入の経験にもとづく知見が数多く述べられており，第10章では，そのなかから特に日本の将来にとって参考になる重要な視点について紹介する．

1　なぜ政府にイノベーションが求められているのか?

　現在，社会を取り巻く様々な環境の変化は，公共の政策やサービスにも大きな影響を及ぼしている．イギリスのロイヤル・カレッジ・オブ・アートで公共サービスの改革やデザインについて研究教育に携わるニコラス・レボレドは，このような変化の激しい時代において，国や地方の政府にイノベーションが求められる3つの理由を挙げている[2]．

（1）より少ないリソースでより多くの成果を

　現代の情報ネットワーク社会に生きる人々は，かつてより高い水準の教育を受けられ，より多くの情報にアクセスができ，より多様な活動にチャレンジする機会や能力が与えられている．このような人々は，企業が取り組んでいる様々なサービスの改革や改善に対する期待と同様に，より品質の高いサービスを公共機関に対しても求めるようになる．

　ところが，2008年のリーマンショック以降，各国の政府や自治体は財政の緊縮を余儀なくされ，公共サービスの品質や提供範囲の現状維持すら困難な状況に追いやられている．つまり，福祉への需要のいっそうの高まりや，より洗練されたサービスへの期待を，ゆとりの無くなった財政のなかでどのように実現していくかが，今日の多くの政府に突きつけられた共通の課題となっている．

　このような深刻な事態に対処するためには，第一に，政府が実行することと住民の期待とのギャップを埋めること，第二に，政策立案や公共サービスのデザインや提供のプロセスをより生産的で効果的なものにすること，という二つの改革に同時に取り組むことが必須となる．

（2）公共機関への信頼の回復

　公共サービスが住民の要求の変化に応えられていないという事態と同時に，公共機関への信頼の低下によって，多くの国々がより複雑な政治的危機に追い込まれる危険性も高まっている．公共サービ

スのイノベーションは，単に，サービスの需要と供給をマッチさせるという問題ではなく，政府と住民との新たな関係性の構築によって公共的な正当性をどう築くかという問題としても考えられなければならない．

　透明性，説明責任，住民参加は，公共機関への信頼を築くうえで中心的な役割を果たすが，ヨーロッパでは，2008年の経済危機をきっかけに政府への信頼は低下を続け，その回復の兆しは見られていない．このような事態は，必ずしも経済のパフォーマンスの低下のみによって生じているわけではなく，政府による統治能力の低下や，それに適切に対処できない現在の政策のあり方によるものと考えられている．

　このような状況を踏まえるとき，政府にとって，業務の効率化という課題を超えて，透明性の高い情報公開や対話を進め，より包摂的なガバナンスや意思決定のモデルとプロセスを開発し，公共機関と住民との間により直接的な相互作用の機会を育んでいくことが重要となる．

(3) 公共領域の複雑性

　ヘルスケアや年金といった社会政策の課題，そして再産業化と地球温暖化対策の両立といった経済政策の課題は，財政的な負担を増大させるだけでなく，相互に複雑に影響し合い，先行きの予測できない状況を生みだしている．もはや，求められる公共サービスの改革を官僚的機構や市場メカニズムを通じた手段のみで行おうとするのでは，そのような複雑な問題への対処は困難であり，問題のシス

テム性を理解し，より包括的で，関係的なアプローチを用いた政策
やサービスの開発と実行が求められる．

　今日の複雑な世界に特有の「厄介な問題」に立ち向かい，住民か
らの要求や期待に応えるためには，政府は，政策の伝統的な理論や
実践手法の範囲を超えた新しいアプローチの可能性を探らなければ
ならず，そのような転換にとって，サービスデザインは重要な役割
を果たすものと期待できる．

2　デザインアプローチへの高まる期待

　それでは，サービスデザインは，困難な公共部門の課題解決にど
のように貢献できるのか．このテーマに関連して，ドイツやスイス
の大学でデザインマネジメントの研究教育を行うザビーネ・ユンギ
ンガーは，単なる公共サービスの開発や改善を対象とするのではな
く，公共政策全般にデザインを導入することが必要だと主張する[3]．
すなわち，政策の立案と実行の段階を切り分けて，そのうえで，実
行手段としてのサービスに限定してデザインを適用するのではな
く，政策の立案から実行までの政策プロセス全体にデザインの手法
やツール，マインドセットを応用することで，公共部門のイノベー

ションに向けた新たな政策デザインの方法が打ちだされるというのである．また，そのようなサービスデザインを応用する政策デザインの可能性について，先のレボレドは，次のように3つの効果が期待できると指摘する．

（1）住民中心の政策ソリューション

　公共部門にサービスデザインを取り入れることで，政策や公共サービスも行政機関の視座からではなく，住民にとっての価値に焦点を当てて開発されるようになる．デザインのアプローチは，公共サービスを住民の期待に沿うように構築し，実行することを促すだけでなく，価値共創のための住民と政府との新たな結びつきをもたらし，さらに政策が公共組織によって立案，承認，実行される方法にも変化をもたらす．

　政策立案は，これまで現状分析のデータや将来予測のモデルを重視してきたが，サービスデザインは，データサイエンスの応用とともに，エスノグラフィーやデザインリサーチを統合的に活用して，行政の使命と科学的な分析を，人間の動機やニーズ，行動への共感にもとづく理解と組み合わせていく．その方法はサービスの利用者やその他のステークホルダーとの協働による相互理解やアイデア検討のプロセスを取り入れ，組織の内外や部門間の横断や連携を促す．このようなプロセスは，住民を社会変革の主要なエージェントとみなし，人々にサービスや政策の共同生産者となる機会をもたらす．

（2） 意思決定のための実験的アプローチ

　伝統的な政策立案は，確固たる事実にもとづいて，規範的な関心や立場から行われる．これに対して，デザインは，質的に得られる多様な知見の総合的な理解を重視して，可能な未来の提案のために，想像的かつ実験的なアプローチを用いる．プロトタイピングやテストといったデザインのアプローチを用いることで，政策立案者は，政策レベルで理論化されていることと，実際に現場で起こることとの循環から素早い気づきや発見を得られるようになる．

　そのような実験的な学びの循環は，間違った考えを，それが大きな政治的問題に発展する前に棄却させ，また適切なアイデアの改善を促し，その実行時の効果を高めることで，政策的な意思決定の質を高めることができる．このような方法は，不確実性が高く，リスクマネジメントのために実際のエビデンスが求められる状況において，特に効果を発揮する．

（3） 新たなコミュニケーション手段の活用

　具体的で視覚的なデザインの表現は，政策づくりを担うチームにとって，新たなコミュニケーションの手段と，チーム外の人々への効果的な説得の手段をもたらす．迅速な視覚化の技法とシステム的な表現を組み合わせることで，複雑な問題状況の理解と，それによる課題や機会の設定が促され，その結果は専門家ではない人々にもより効果的に伝わるようになる．また，実際のサービスの開発や提供を担う業者にその仕様を適切に伝えることにも寄与し，ユーザー

のニーズと政府の政策的目標とをより効果的に整合させることが期待できる．

　伝統的な公共政策は，その立案や実行のコミュニケーション手段を言語やデータに頼ってきた．これに対して，デザインは物語やイメージを利用することで，人々の体験や文脈にもとづくコミュニケーションを活性化し，その結果，政策立案チームにとって様々な気づきやアイデアが，より身近に，よりインタラクティブに理解できるようになり，さらに他者への説明もしやすくなる．

3　公共組織へのデザインアプローチの導入にあたって

(1) 公共組織に求められるデザイン能力とは？

　政府や自治体，公的機関が担う政策立案のプロセス，サービスの開発や提供にデザインのアプローチを導入するにあたり，まずは，民間のデザイン・コンサルティング会社に業務を委託する方法が考えられる．これによって，公的部門はサービスデザインがどのようなものかを知ることができ，また特定のサービスの改革や改善のプロジェクトに成果をあげることができる．しかし，より長期に継続

して，公的部門が主体的かつ組織的にそのアプローチを実践していくには，そこで働く人々が，自らサービスデザインの技能を習得する必要がある．

　ジョイス・イーとヘーゼル・ホワイトが実施した調査によると，公的部門でサービスデザインが持続的効果を発揮するためには，リーダーシップやコミュニティ開発とともに，能力開発が重要な条件となることが示されている[4]．特に，今日のように激しく変動する社会や経済の環境においては，住民のニーズや課題を迅速に，かつ頻繁に捉えて，サービスの開発や改善を持続的に繰り返していくことが求められるようになる．そのような継続的なサービスの改革，改善，実行には，適切な技能を身につけた人材を組織内に配置することが望ましい．また財政的な制約や公共性の観点からも，外部に委託しつづけることは得策ではなく，公務員自ら，デザインや行動変化の能力を備えることが合理的である．

　実際，多くのサービスの改革や実行にはサービス提供者の働き方や組織の変革がともなうことから，サービスデザインの会社にとって，クライアントに対するデザイン能力のトレーニングや開発は主要な業務となっている．そのようなトレーニングでは，サービスデザインの手法やツールを活かす実践的技能の習得とともに，業務や組織の変化を受け入れるマインドセットを養うことが重視される．したがって，実際のトレーニングのプログラムでは，ユーザー観察，ペルソナ，共感マップ，ジャーニーマップ，サービスブループリントといったデザイン手法の習得とともに，未来社会の構想やアイデア形成など，創造的に考えることを目指すメニューが組み合わせられることが多い．

（2） デザイン能力のトレーニング

　サービスデザインの会社が行う研修プログラムの形態としては，スクール形式，ワークショップ，上級者特別クラス，クライアントのニーズに応じた特別研修などが一般的である．これらの研修プログラムは，サービスデザインの入門セッションとして実施されることがある．一方，研修が実際のサービスデザイン・プロジェクトの進行過程に組み込まれることもあり，その場合，プロセスを主導する役割をエージェンシーからクライアントに段階的に移管するなかで，技能の習熟が徐々に行われるように工夫されている．より多くの時間と費用を要するが，サービスデザイン習得者の手法の効果に対する実感や期待が生まれやすく，またコンサルティング終了後にも，プロジェクトで取り組んだサービスの運用や改善につながりやすいといった利点がある．

　これらのどの形態も，それ一つですべてがすむというものではなく，それぞれにメリットが異なり，その適切な選択は，各取り組みの置かれた状況やニーズにも依存する．単発の短期のマスタークラスや集中ワークショップは導入が簡単で，サービスデザインについてのインスピレーションを得るには向いているが，実効性のある応用や，実践のための変革には不十分である．特定のサービスデザインのプロジェクトを通じて，新しいサービスの提供に必要な能力を，時間をかけて身につけていくことも可能だが，それは，必ずしも組織のサービスデザイン能力の向上を保証するものとはならない．組織の特性に合わせて，組織内部のトレーニングや能力開発プログラムを整備していくことが必要となる．

（3）イノベーションラボの設置

　海外の様々な国で，政府内に設けられた専門の内部組織によって
サービスデザインの能力開発を行うケースも増えてきている．多く
の場合，そのような能力開発は，政府内からイノベーションを主導
していくために設けられたイノベーションラボの活動として実施さ
れている．そのようなイノベーションラボの大半がデザイン手法を
重視しているが，その他にも行動経済学や，データサイエンスの知
見を積極的に取り入れる動きが見られる．

　イノベーションラボとして，特にその実績が広く知られているの
が，デンマーク政府の MindLab である．MindLab はデンマーク政
府による省庁横断型のイノベーションラボで，公共政策やサービス
における住民中心のイノベーションを，省庁間のコラボレーション
を通じて推進することを目的としている．政府からの独立性が高く，
自立的な運営を行っていて，活動範囲も多岐に渡っている．

　またイギリス政府は，2014 年に Policy Lab を内閣府に設置し，
デザインアプローチを活用するためのトレーニングを公務員に向け
て実施している．こちらは，デザインとデータサイエンスを重視し
たアプローチを，政策立案のために，より小さなスケールで実験的
に導入することに焦点を当てている．

　さらにシンガポールの Human Experience Lab は，同国政府の公
共サービス局の一部門として，公共サービスにおけるデザインアプ
ローチの認知を高めるとともに，組織内の公務員のサービス改善能
力の向上を目指している．

不確実性のなかの政府の役割

デンマークでは，官民イノベーション（PPI: Public-Private Innovation）の名の下に，政府と民間部門のダイナミックで継続的なコラボレーションによって公共サービスを改革し，財政負担を軽減させ，新たなビジネス機会を創造する取り組みが進められている.

2011年にデンマーク商務庁（DBA: Danish Business Authority）とMindLabは，地方自治体や他の公共機関によるPPIの推進を促す指導ツールの整備を任されることとなった. ところが，そのような取り組みはこれまでの行政の慣習とは大きくかけ離れたもので，中央政府にも，地方や地域の行政にも，指導の前例は存在せず，結果として，各公共部門がみな行き詰まってしまう事態となった. そこで，DBAとMindLabは，地方や地域の公務員が協働してPPIの手法を試しながら共にその進め方を習熟していくアプローチを導入し，指示待ちの地方公務員と指導能力に欠ける中央官僚との間に生じる膠着状態を回避した.

またDBA自体も，そのような継続的学習プロセスのファシリテーターとして，各ステークホルダーとの関係を積極的に持ちながら，PPIを実践する共同体の構築を目指すこととなった. その結果，行政の責任が政府と地方や地域の自治体組織の間で共有され，PPIの実行方法を設定し，それに枠組みを与え，導くための新しい知識と経験を共創していく体制が築かれたのである.

この事例のように，今後の社会では，前例がなく，不確実性の高いプロセスについて，上から頭ごなしに指導する権威のあり方ではなく，省庁と地方自治体，さらに民間との関係をより協力的なものに変えていく新しい役割が政府に求められるようになるだろう.

Christiansen, J. & Bunt, L. (2014) . Innovating public policy: allowing for social complexity and uncertainty in the design of public outcomes. In Bason, C. (ed.) *Design for Policy*. Routledge, pp.41-56.

4　政策や公共サービスへの住民参加

（1）なぜ住民参加が必要か？

　各国の政府では，自らのデザイン能力の開発を進める一方で，公
共サービスのデザインに住民を巻き込んでいく動きが広がってい
る．そのような流れのなかで，住民参加を促す目的においてもサー
ビスデザインが積極的に活用されている．イギリス政府の Policy
Lab で各種のプロジェクトを推進したキャット・ドリューは，サー
ビスデザインのプロセスに住民を関与させる理由として，次の二つ
を挙げている[5]．

① 共同生産者として捉える

　住民は様々な資源や技能，そして貢献への熱意を持ち合わせて
いる．その意味で，住民はサービスの受け取り手ではなく，共同
生産者とみなせる．このような見方を前提にすれば，政府の役割
は，人々がサービスを利用できるように支援することから，人々
をサービスの積極的な協力者として活躍させることへと，大きく
変わらなければならない．

　例えば，スウェーデンには Patient Hotels と呼ばれる患者を家
族でケアする宿泊施設があるが，住民がこのサービスを利用す
れば，高い医療費を支払って病院に長い間滞在しなくてもすむ．
また，このサービスは単に家族の時間と能力を活用するだけでな
く，穏やかで居心地のよい設備や環境を整えることで，患者に

とってもより良い体験がもたらされている．経済的にも 60% も
の費用削減効果があるとされ，現在はスカンジナビア全域に広
がっている．

　またイギリスでは，Nesta [6] と Innovation Unit [7] が中心となっ
て，住民が自らの健康を自らで管理するように促す People
Powered Health プログラムを各地域で実施している．この取り
組みの結果，医療機関全体における年間の救急救命，計画および
非計画入院，外来の利用者数が 7% 減少したが，それと同様の効
果がイギリス全体で得られた場合，44 億ポンドの費用削減効果
に相当するといわれている．

② 政策決定への関与の意識

　ゴミを回収する曜日や時間の決定といった日常の問題から，男
女の平等といったより大きな判断まで，住民は常に自分がその決
定に関与していると感じることが望ましい．民主主義にとって選
挙は住民参加の最も基本的な方法であるが，多くの政府が，選挙
ではない形で個々の決定に人々を巻き込むために，その他の方法
の必要性を認識し始めている．

(2) 住民参加をうながすサービスデザイン

　従来の政策立案やサービス設計への住民参加の方法としては，各
種の団体の代表者を招いて，政策の検討や討議を行うのが一般的で
あった．サービスデザインの方法は，このやり方を補い，さらに強
化できる．例えば，サービスデザイナーは，人々の生活の様子を撮

影したドキュメンタリー映像を討議の参加者に共有し，また文化プローブ[8]やユーザー調査といった方法によって，討論の場に「住民の体験」という重要な情報を持ち込むことができる．また，人々が思いついた社会的課題の解決方法のアイデアに対して，そのプロトタイプをつくって実際にテストすることを促し，人々をワークショップの空間から現実の世界へと連れだすように働きかける．さらに，複雑に入り組んだ知見やデータを視覚的に表現することで，より多くの人々の理解と決定を支援する．

　イギリス政府の Policy Lab は，デモンストレーションプロジェクトと呼ばれる，サービスデザインの有効性を政策担当者や国民に示すプロジェクトを年間で 8 つ実行している．それを通じて，2,000人規模の政策担当者に向けてワークショップや研修を行ったが，その成果は着実に現れ始めている[9]．例えば，慢性疾患を抱える労働者への支援策を検討する Work & Health プロジェクトでは，職場で健康状態の管理に苦慮している人々の状況について調査を行い，かなり煩雑でわかりづらい雇用支援給付の申請を支援するコミュニケーションツールの開発など，様々なアイデアを住民参加のデザインワークショップによって導いた．それらの政策案はテストを受けた後に適用範囲が広げられ，また本プロジェクトと同様のユーザー中心のサービス改革を促進する「就労と健康のイノベーション基金」の設立に至った．このように，Policy Lab における住民参加を促すサービスデザインの導入施策は，政策の変更や政策立案能力の側面において有意義な効果をもたらしている．

（3）住民に受け入れられやすいアプローチとは？

　またドリューは，政策や公共サービスへの住民参加を促すためには，以下に述べるように，様々なデザインや分析，プラットフォームづくりのアプローチを組み合わせていくことが効果的であるとしている．

① フィルム・エスノグラフィー

　サービスデザイナーは，ユーザー・ジャーニーやペルソナにもとづいたインタビュー，文化プローブ，フィルム・エスノグラフィーといった，多様なデザイン・エスノグラフィーの方法を活用する．このなかでも，「フィルム・エスノグラフィー」は，政策担当者の共感や理解を促進するうえで特に効果を発揮する．

　例えば，イギリスの Policy Lab が制作した未来の鉄道についての映像ドキュメンタリーは，乗客が体験する不安やストレスを描きだし，イギリスの運輸省による乗客中心の鉄道戦略をリフレーミングするために活かされることとなった．このような視覚的表現を適切に活用することで，ストーリーテリングの力を借りて，現状の調査結果から得られる知見を活き活きと伝えられるようになる．

② ビッグデータの解析

　近年大きな注目を集めている「ビッグデータの解析」は，統計的な裏付けによって，現状の出来事について正確な理解をもたらす．つまり，データサイエンスは，サービスデザインの発見段階における知見の厳密さを補強する効果を持つ．このことは，特に

数量的データが価値を持つと考える政策担当者にとっては魅力的なものとなる.

　しかし，人々の行動や意見についての理解の促進が，必ずしも人々の関与や関心を効果的に引きだしてくれるとは限らない.そこで，エスノグラフィー調査やグラフィック表現を用いたストーリーテリングとの組み合わせが重要となる.ビッグデータの解析結果をさらにエスノグラフィー調査の結果によって説明するといったように，両手法を効果的に組み合わせるとより効果的である.

③ プラットフォームの利用

　デジタルコミュニケーションの手段を活用して，国民を公共サービスの開発や実行により積極的に関与させるプラットフォームづくりも盛んに行われている.イギリスの国民保健サービスNHS では，Web サイトやソーシャルメディアの活用と，ミーティングやイベントの開催を組み合わせるようにして，その意思決定に国民の参加を促すプロセスのシステム化を進めている.一方，EU からの助成を得て，Nesta は，バルセロナ，マドリッド，レイキャビク，ヘルシンキの各都市の行政と連携して，住民が政策決定に参加する D-Cent [10]と呼ばれるデジタルプラットフォームの構築を進めている.D-Cent を利用することで，住民は政策の提案，討論，草案作成，改良，投票，実行，報酬の支払いといった，一連のプロセスにオンラインで参加できるようになる.

　このほか，政策への住民参加とは異なるが，社会的な利益のために多くの人々の貢献を引きだすクラウドファンディングのサービスとして，イギリスの Crowdfunder というオンラインのプラッ

トフォームがある．Crowdfunder は，社会的な意義が認められ，
また政府の政策を支援するような様々なプロジェクトに対して，
住民からの寄付による資金集めを行う．その活用の一例を挙げる
と，イギリスのプリマス市の 100 の地域プロジェクトに対する当
初の 6 万ポンドの予算が，同サービスの利用によって 43 万 4 千
ポンドに増加したといわれている．

（4）スペキュラティブ・デザインの可能性

　以上のような様々な地域ですでに実施されている手法の応用に加
え，公共組織のラボやサービスデザインのコンサルティング会社は，
常にその可能性を広げるべく，新たな取り組みに挑戦しつづけなけ
ればならない．その意味で，近年，「スペキュラティブ・デザイン」
の方法に注目が集まっている．スペキュラティブ・デザインとは，
起こりそうな未来や，起こってもおかしくない未来ではなく，ひょっ
としたら起こるかもしれない未来の姿を描きだし，その世界を実感
させうる有形の作品を創りだす手法である．それらの創作物は，通
常，かなり挑発的な表現によって人々の論議を喚起するように工夫
されている．このような手法の活用は，近い未来や，遠い未来の課
題の発見や検討に住民を巻き込み，また政策担当者が現状の前提を
打ち破るようなイノベーションに取り組むための安全な機会と場を
もたらしてくれる．

　実際に，Policy Lab の未来の高齢社会を検討するプロジェクトで
は，イギリス政府として初めてスペキュラティブ・デザインの手法
が利用された．政府科学局は，2040 年の 60 歳を超える人々の生活

がどのようになるかを考える議論に国民を巻き込もうとしたが，人々の多くは，自分の未来について問われたときに，現在の高齢者を想像して語ってしまいがちであることがわかっていた．そこで，Policy Lab とデザイン・コンサルティング会社の Strange Telemetry が共同して，未来の生活シナリオのイメージを作成することとなった．人々は，イメージでリアルに描かれている世界観に対しては意見を言いやすくなり，政府は，未来に向けて何を推進し何を回避すべきかについて，より効果的に理解することができた[11]．

5　サービスの提供から，共同生産へ

（1）政策プロセスのパラダイム転換

　以上からわかるように，サービスデザインの公共部門への応用は，ビジネスの世界で実績をあげたサービスデザインを公共サービスの改善や改革に適用するという関心を大きく超えて，公共サービスやそのプロバイダーである公共機関の役割，そして，その前提にある政策プロセスのあり方にも再考を迫るものとなっている．図10-1 は，そのような政策プロセスの変革の特性を表したものである．

	これまで		これから
政策の主体	政府	➡	政府・企業・住民などの連携
政策の実行方法	サービスの提供	➡	サービスの共同生産
活用する資源	権限・予算・知識	➡	多様な社会的資源
政府の役割	規制・認可	➡	協働の促進と調整
政策のプロセス	計画と実行	➡	実験的な探索と学習
政策の評価	産出したもの	➡	達成された成果

図 10-1　政策プロセスの変革

　これまでの公共あるいは行政サービスの多くは，為政者によって立案された政策を実行に移す手段と位置づけられ，また政府や自治体，公的機関から住民に提供されるものとして扱われてきた．その前提には，政策の立案からサービスの提供に至る一連の流れを，計画から実行へと直線的に進行するプロセスとして捉える認識がある．しかし，様々な課題が相互に影響し合い，長期の予測が困難で，政策的介入から予想しない結果がもたらされるような今日の複雑な社会状況のなかで，従来の政策プロセスの限界も随所で現れ始めている．そのような状況において，実験的で探索的な方法によって課題のフレーミングやリフレーミングを行い，そこから新たな意味と解決策を導くサービスデザインの方法は，政策とサービスを統合的に生みだす新たな政策プロセスを構築する有効な手立てとなりつつある．

　サービスデザインの考え方や方法から捉えられる公共サービスは，もはや公的部門が住民のニーズを一方的に満たす活動ではなく，住民あるいは企業と共同で価値を生みだす活動として認識を改められることになる．そこでは，行政が住民に何を授けたのかというア

ウトプットによる評価から，いかなる公共の成果が達成されたのか
という成果による評価へと，政策の有効性を測る基準が置き換わる
ことになる．そして，そのような公共の成果は，行政に与えられた
一定の権限と予算，またその専門的な知識によって達成されるもの
ではない．それは，住民や企業も含めて，社会を構成する様々な
主体に分散する多様なリソースを新たな発想で組み合わせることに
よって，初めて実現される．しかし，そのような共同生産を可能と
するためには，行政は企業や住民の活動を規制し，認可する立場か
ら，公共と民間の垣根を超えて多様な主体の協働を促進，調整する
ファシリテーターへと，その役割を大きく変えていく必要がある．

（2）日本の公共サービス改革のこれから

　では，このような新たな公共のデザインの観点から見た場合，特
に日本の行政や公共のサービスの現状についていかなる示唆が得ら
れるのか．
　これまで欧州をはじめとする海外の国々の政府が，デザインの
アプローチを行政や公共サービスの改革に導入する動きに対して，
日本政府は遅れをとっていた．しかし，2017年2月に，電子行政
の推進の取り組みにおいて，デジタル技術を活用したユーザー中
心の行政サービス改革の手段としてサービスデザインを導入する
方針を打ちだした[12]．現状では，サービスデザインに期待される
適用効果は，行政サービス全体を通じたユーザー体験の向上と，
行政内部の業務プロセスの改革，さらにスマホなどに対応するマ
ルチプラットフォーム化や民間サービスとの連携といった課題に

焦点が当てられている．これまでの日本の公共サービスの改革については，窓口業務の民間へのアウトソーシングや IT を活用した業務の効率化など，プロバイダー視点からの発想が目立っていたが，電子行政改革の方針では，ユーザー視点を中心に，その体験の向上と業務の改革を統合的にはかろうとする点で，サービスデザインの意義が理解され始めたことが認められる．また，同じ方針のなかには，官民協働を実現するプラットフォームの構築によって，民間のサービスと行政サービスを連携させることも目標として掲げられており，公的なサービスのユーザーとしての国民と，プロバイダーとしての政府という従来の関係性からの脱却についても意識されていることがわかる．

　この改革は電子行政の方針として打ちだされていることから，政府と民間との連携は，省庁を横断する行政データやサービスのオープン化によって，民間による公共サービスへの参入と新規サービスの事業機会の創出を促進することが重視されている．確かに，電子データやデジタルサービスが本章で述べた公共サービスの共同生産や，政府と国民，企業の価値共創にとって重要なリソースとなることは間違いない．しかし，今後はそのような行政の電子化の取り組みが，社会を構成する多様な主体の様々な有形・無形のリソース（人々の持つ能力や各種の資産など）の再発見を促し，さらに国民や公共の成果の達成に向けて，新たな発想でその再結合をもたらすように作用することが期待される．

　そのようなイノベーションを推進するうえでは，公共部門へのデザインアプローチの導入の目的を，問題解決に対する有効な考え方の踏襲に止めず，既存の社会課題の認識のリフレーミングや新たなサービスの意味の形成を含めた創造的探求のプロセスとして実践し

ていく必要がある．そのためには，厄介な問題に挑むデザイン的探求の方法と意義が，広く政府や国民の間に理解され，またその習得が行政や民間の能力開発の課題として位置づけられることが不可欠となる．さらに，そのことは，政策とサービスを計画と実行の段階に分離するのではなく，両者を統合的に扱う政策プロセスの実現を要求することになる．そのプロセスのなかに，いかにして実験的探索にもとづく気づきや発見，学びのサイクルを組み込めるかが鍵となるだろう．

　政府の政策プロセスや公共サービスにおいても，ビジネスの世界と同様に，価値提供から価値共創への大きな発想の転換が求められている．改革の成功の尺度や，変化に対する抵抗の大きさ，予算の制約といった点で，企業と公共組織の間には違いがあるが，サービスデザインの果たす役割や効果から見た場合，両者に共通する点も少なからずある．また，ビジネスにおいても，事業の社会的な価値が問われる時代となっていることを考えると，今後は民間と公共という区分を超えたサービスの共創が重要性を増していくだろう．

PART 4 のまとめ

(1) サービスデザインは人々の活動の文脈に目を向け，その期待する成果が，いかなるリソースの組み合わせによって生みだされているか，という点から新たな事業機会を発想していく．

(2) 既存の事業がユーザーへの提供物を生みだす「垂直的なバリューチェーン」によって構築されてきたのに対し，サービスデザインは，顧客の期待成果を達成するリソース統合の「水平的ネットワーク」の構築を目指す．

(3) 情報化によるリソースの脱物質化と流動化は，これまでの活動とリソースの結びつきを切り離し，新たな組み合わせによる再結合をもたらすことで，より望ましいサービスの誕生を促す．

(4) サービスにおける意味のイノベーションは，ユーザーやプロバイダーの前提とする意味づけを転換することによって，これまでにない価値の世界を提示し，新たな気づきや期待，共感を呼び起こす．

(5) 新たなサービスの成功のためには，従業員に，サービスにともなう働き方の変化が顧客にもたらす価値を理解させ，意義ややり甲斐を感じて変革の牽引役となるように促すのが有効である．

(6) サービスデザインの活かし方は，組織の置かれた状況によって大きく異なる．プロジェクトの開始前に，適切な目標や，それに応じたデザイン手法やツールを決定していくことが重要である．

(7) 戦略的連携ワークショップでは，「もし両社が〜を行ってみたら？」という問いを投げかけ，各企業の現状の課題やリソースに対する認識のリフレーミングを促す．そのような新たな連携機会をより創造的に生みだす役割がサービスデザイナーに期待されている．

(8) 今日の社会に特有の「厄介な問題」に立ち向かい，住民からの要求や期待に応えるためには，政府は，政策の伝統的な理論や実践手法の範囲を超えた新しいアプローチの可能性を探らなければならず，そのような転換にとって，サービスデザインは重要な役割を果たす．

(9) 公共の成果の達成のために，社会を構成する様々な主体に分散する多様なリソースを新たな発想で組み合わせていく，サービスの共同生産が求められている．その実現のために，政府は多様な主体の協働を促進，調整するファシリテーターの役割を担う必要がある．

あとがき

　サービスデザインは，人工環境とユーザーとの相互作用を対象とするインタラクションデザインの方法を手本に発展したため，最近のメディアやイベントで取り上げられる際には，様々なデジタル機器を介したサービスのユーザー体験を対象とするものが目立つ．例えば，カスタマージャーニーマップを用いて，サービスとユーザーとの一連のインタラクションや，それに伴うユーザーの意識や感情を視覚的に記述して，サービスの評価や開発に活かすテクニックに注目が集まるのも，その傾向の表れと言ってよいだろう．こうした関心は，さらに加速化するデジタル技術の進歩と，顧客満足を重視するビジネスのトレンドによっても強く後押しされている．

　これに対して，本書は，ビジネスの新しい意味づけや仕組みづくりとサービスデザインとの関わりを描き出すことに焦点を当てた．そのため，サービスデザインを近年のマーケティング論におけるサービスの理解を実践するアプローチとして特徴づけ，デザインの世界では馴染みの薄いリソースの統合や交換，価値共創のエコシステムといった考え方を積極的に取り入れることを試みた．そのような捉え方は，従来の従来の領域やジャンルにとらわれない新しいビジネスの発想を導く上で，今後さらに重要となると予想される．ただし，サービスをユーザーの体験中心で見るか，価値共創の仕組みを中心にして見るかの違いは，どちらが正しいというものではない．それらは，サービスという複雑な対象を把握して組み立てる際の異

なる視点を表わしており，両者を適宜切り替え，補完していく必要がある．

　また，最近のサービスデザインをめぐる議論には，サービスの日常の実践に注目し，そこで使われる道具やメディアとともに，用いられる表現や物語，生活習慣，文化や制度といった様々な要素の繋がりのなかでサービスを理解し，デザインすべきとの主張もある．つまり，サービスは常にその場その場の状況に組み込まれているため，ユーザーの体験や期待する成果，利用されるリソース，知識や技能も，決してその文脈から切り離して扱うことができない．サービスを実践として捉えるデザインでは，企業のラボやデザイン会社のスタジオではなく，サービスが実際に使用される住宅や施設，公共空間といった環境のなかで，ユーザーと対話的にデザインを進める「リビングラボ」と呼ばれる手法を盛んに用いるようになっている．

　リビングラボのような参加型のデザイン手法は，企業や大学，自治体や地域コミュニティなどによって運営されるが，それは運営する主体に有効な知見をもたらすだけでなく，そこに参加する生活者にとってもメリットや，やり甲斐，充実感を生み出すものとなる．世の中に目を向ければ，自らの手で製品を製造するファブラボの広まりや，ソフトウエアやサービス開発のためのハッカソン，インターネット上でのブログや，写真や動画の公開，クラウドファンディングによる支援といったように，一般の人々がものづくりやサービスの創出に積極的に，また楽しみながら関与する機会が広がっている．

　企業あるいは公共機関が，人々の生活や業務の成果を意識して，その活動の世界に深く入り込んでサービスを行うようになるのと並行して，サービスのユーザーにデザインや生産のプロセスへの参加

を求めるようになりつつある．さらに，人々がそのような共同のデザインや生産を自らの生活の一部として主体的に行うようになれば，「作るプロセス」と「使うプロセス」の違い，「作り手」と「使い手」の区別はますます曖昧になり，またそれらが適宜入れ替わるようになる．そこでは，デザインが価値共創を実現する手段や方法であるのと同時に，デザインの活動自体が価値や目的になる．そのとき，サービスはデザインの対象となる一方で，デザインのための新たなサービスの機会が拡がっていくことになるだろう．

　本書では触れられなかったが，今日注目の集まる人工知能（AI）の技術についても，既存の労働や職能の代替や自動化という側面だけでなく，個人あるいは集団によるデザインのサービス化を支援し，強化する手段として用いられることに期待を寄せている．すべての人が生まれながらにして備えているデザインの（批判する，想像する，実践する）能力と欲求が，新しい技術の登場と社会の変化や要請を前提に重要なリソースとして再認識され，活かされるようになる日が，それほど遠くない未来に訪れるのではないだろうか．

　本書の企画段階から校正，出版に至るまで，多くの適切な助言と支援，励ましをいただいた NTT 出版の山田兼太郎さんに心より感謝申し上げたい．普段の授業や講演では，伝える内容を個人で編集することがほとんどだが，本書では，同氏との対話のなかで自らの考えを段階的かつ発展的に整理し，まとめることができた．

　また，株式会社 ACTANT のメンバーとは，ビジネスにおける様々なサービスデザインのコンサルティング機会を共有し，その貴重な経験が本書の内容に少なからず示唆を与えている．特に，CEO の南部隆一さんは，筆者の考えの良き理解者として本書の執筆を促し

た人物であり，多くの建設的なコメントを頂いた．さらに，同社の
デザイナーである木村恵美理さんには，内容についての指摘ととも
に，本書のレイアウトや装丁に尽力頂いた．お二人をはじめ，同社
の皆様にこの場を借りて深く御礼申し上げる．

　最後に，日本におけるサービスデザインの普及や啓蒙の活動に共
に取り組んできた，サービスデザインネットッワーク日本支部共同
代表の長谷川敦士氏と岩佐浩徳氏にも，この場を借りて感謝したい．

2017 年 7 月 17 日
武山政直

原　注

第 1 章　サービスの新しい捉え方

[1] 日本標準産業分類では，まず事業所の主たる経済活動がモノの生産に関わるか，サービスの提供に関わるかで大きく分かれている．モノの生産はさらに取得生産（自然から物を取得する）と加工生産に区分され，サービスの提供は，流通（情報と物）と，立法，司法，行政などの公的サービスと，その他のサービス活動に区分されている．

[2] このような経済におけるモノ重視の発想には長い歴史があり，近代経済学の父と言われるアダム・スミスも，1776 年に出版された有名な「国富論」の中で，「労働には，対象物の価値を高めるものと，そのような効果がないものとがある．前者は価値を生みだすので，生産的労働と呼べるだろう．後者は非生産的労働と呼べるだろう」と指摘している．ここでスミスは，前者に農業や工業を，また後者にはサービス業を含めていた．

[3] 実際には，第三次産業には様々な無形財を提供する事業が含まれるので，より詳細な検討が必要である．

[4] Shostack, L. (1977). Breaking free from product marketing. *Journal of Marketing,* 41 (2): 73-80.

[5] Lusch, R. & Vargo, S. (2014). *Service-Dominant Logic: Premises, Perspectives, Possibilities.* Cambridge University Press.（井上崇通訳『サービス・ドミナント・ロジックの発想と応用』（同文舘出版，2016）

[6] 社会的協調行動の脳生理学的な基盤については，以下の文献を参照のこと．
友野典男『行動経済学 —— 経済は「感情」で動いている』（光文社新書，2006）の第 8 章．
ポール・J・ザック『経済は「競争」では繁栄しない —— 信頼ホルモン「オキシトシン」が解き明かす愛と共感の神経経済学』（柴田裕之訳，ダイヤモンド社，2013）

第 2 章　価値創造としてのサービス

[1] Norton, M., I., Mochon, D., & Ariely, D. (2012). The IKEA effect: when labor leads to love. *Journal of Consumer Psychology,* 22 (3) : 453-460.

[2] McColl-Kennedy, J. R., Vargo, S. L., Dagger, T. S., Sweeney, J. S., & van Kasteren,

Y. (2012). Health care customer value cocreation practice styles, *Journal of Service Research*, 15 (4): 370-389.

[3] 企業中心の経済と群衆中心の経済との対比については，アルン・スンドララジャン『シェアリングエコノミー』（門脇弘典訳，日経 BP 社，2016 年）に詳しい考察がある.

第 3 章　問題解決としてのデザイン

[1] バウハウスは，写真家，技術者，職人，芸術家，建築家などの作品を生産様式と融合して，産業に活力を与えていく総合的な役割をデザインのビジョンとして掲げていた.

[2] Buchanan, R. (1992). Wicked problems in design thinking, *Design Issues*, 8 (2): 5-21.

[3] リッテルの「厄介な問題」の考え方が出版物として最初に紹介されたのは，以下の雑誌の巻頭言である．Churchman, C., W. (1967). Wicked problems. *Management Science*, 14 (4): B-141-142.

[4] Rittel, H. W. & Webber, M. M. (1973). Dilemmas in a general theory of planning. *Policy Sciences*, 4 (2): 155-169.

[5] Dorst, K. (2015). *Frame Innovation: Create New Thinking by Design*, Cambridge, Massachusetts: The MIT Press, 41-71.

[6] この例で，実は「頭を覚醒させる」よりも「集中力を高める」ことを結果として望んでいたことに気づくとしよう．その場合，「心をスッキリさせることで集中力を高める」というフレームを導入して，「瞑想する」という解決策を導くことが考えられる．このように，デザインでは原理と対象だけでなく，当初想定されていた結果の理解の仕方やイメージすらも探索を通じてより望ましいものに変更していく場合がある.

[7] Dorst, K., *op.cit.*, 31-34.

第 4 章　デザインモードの社会とビジネス

[1] Michlewski, K. (2015). *Design Attitude*, Farnham, UK: Gower.

[2] Michlewski, K. *op.cit.*

[3] Manzini, E. (2015). *Design, When Everybody Designs: An Introduction to Design for Social Innovation*. Cambridge, Massachusetts: The MIT Press.

[4] Manzini, E. *op.cit.*

第 5 章　サービスデザインの誕生

［1］ Shostack, G.L.(1982). How to design a service. *European Journal of Marketing,* 16 (1): 49-63，Shostack G.L.(1984). Desgining services that deliver. *Harvard Business Review,* 62: 133-139

［2］ 1997 年には，アールホフとマーガー，マンツィーニらが，ドイツやイタリアにおける初期のサービスデザイン研究の成果をまとめ，*Dienstleistung braucht Design*（英語訳は *Service Needs Design*）という題名のドイツ語の書籍を共著で出版している (Erlhoff, M., Mager, B., & Manzini, E. (1997). *Dienstleistung bracht Design.* Verlin: Luchterhand Verlag.)

［3］ PACENTI, E., (1998). Il progetto dell'interazione nei servizi. Un contributo al tema della progettazione dei servizi. PhD thesis in Industrial Design, Politecnico di Milano.

［4］ 2017 年 5 月の時点で，オーストリア，北京，ブラジル，カナダ，シカゴ，チリ，デンマーク，フィンランド，日本，オランダ，ノルウェー，サンフランシスコ，サスカチュワン（カナダ），上海，セントルイス，スウェーデン，台湾，トルコ，イギリス，ワシントン D.C. に支部があり，ドイツ，香港，ベルギー，アイルランドが設立に向け準備している.

［5］ デザイナーが組織やコミュニティにもたらすこのような新しい価値を，エツィオ・マンツィーニは，イネーブリング・ソリューションと呼んだが，それは，「それぞれが自らの能力やスキルを最も有利な結果が得られるように活かし，またその生活の諸環境の質を再生できるようにするための，技術的かつ組織的な手段」を意味している (Manzini, E.(2007). Design research for sustainable social innovation. In Michel, R., Ed. *Design Research Now: Essays and Selected projects,* Birkhäuser Basel.).

［6］ Burns, C., Cottam, H., Vanstone, C., & Winhall, J. (2006). *RED Paper 02: Transformation Design.* London: Design Council.

［7］ メローニとサンジョルジは，2011 年に *Design for Services* という題名の書籍を共編で出版し，そのなかで多様なサービスデザインの適用事例を取り上げて，その領域の広がりを，①インタラクション，関係性，体験のデザイン，②システムと組織を変革するためのインタラクションのデザイン，③新たな協働型サービスモデルのデザイン，④サービスシステムの将来の方向性の想像，という 4 つの領域に分類している (Meroni, A. & Sangiorgi, D. (2011). *Design for Services.* Farnham: Gower.203-209.).

第 6 章　サービスデザインの実践

［1］ エスノグラフィーは文化人類学や社会学において，人々の実際の活動現場を理解

するための質的調査法として発展したが，それをデザインの分野に応用し，ユーザーとその活動を理解して潜在ニーズを抽出するために用いられている．

[2] 製品開発だけでなく，様々な問題への解決策を導くデザインのプロセス全般にわたって，その問題に関わる人間の視点を取り入れるアプローチ．特に，言葉や言葉以外の手段を通じて，人間の意味解釈，欲求やニーズを探りだす方法やテクニックを重視する．

[3] デザインの目指す目的や目標，対象者（ユーザー），特徴，手続き，制約条件，評価基準など，その基本的方向性を確認するために簡潔にまとめた文書のこと．

[4] Risdon, C. (2011). *The anatomy of an experience map.* (http://adaptivepath. org/ideas/the-anatomy-of-an-experience-map/) 2017 年 4 月 18 日アクセス なお，Adaptive Path 社は，現在は米国の大手金融機関キャピタル・ワンに買収されている．

[5] Bitner, M. J., Ostrom, A. L., & Morgan, F. N. (2008). Service blueprinting: a practical technique for service innovation. *California Management Review* 50(3): 66-94.

第 7 章　サービスデザインのケーススタディ

[1] Nisbett, A. (2011). From boardroom to boarding gate. *Touchpoint,* 2(3): 28-29. Samperi, J. (2013). Service designing: delivering a service innovation and improvement programme for ANA airports. (https://www.slideshare.net/JamesSamperi/engine-service-development-for-ana-airports) 2017 年 4 月 18 日アクセス．

[2] Nemiah, D. & Makela, L. (2013). Service Design as Business Strategy: Best Practices in Service Design/Deployment in the USA. *FinNode,* 17-20.

[3] Nemiah, D. & Makela, L. *op.cit.,*

[4] Nemiah, D. & Makela, L. *op.cit.,*

[5] Girginov, V. ed. (2013). *Handbook of the London 2012 Olympic and Paralympic Games: Volume Two: Celebrating the Games.* Routledge. P.150.

[6] この事例紹介の内容は，主にアレックス・ニスベットによる講演の内容にもとづいてまとめられている．Nisbett, A. (2014). The design and delivery of the London 2012 Spectator Experience. Presented at the Service Experience Conference 2014 (https://vimeo.com/114150132). 2017 年 6 月 1 日アクセス

[7] ロンドンオリンピック組織委員会は，観客体験チームの属するブランド・，マーケティング部門のほか，商務部門，コミュニケーション部門，文化・式典・教育とライブ会場部門，経理部門，施設部門，競技オペレーション部門，放送部門，セキュリティ部門，スポーツ部門，パラリンピック統合部門，交通部門，会場・施設部門，競技サービス部門，人事部門，法務部門，戦略プログラ

ム部門，技術部門から構成された．Records of the London 2012 Organizing Committee of the Olympic and Paralympic Games (LOCOG). (http://discovery.nationalarchives.gov.uk/details/r/C13273031/) 2017 年 6 月 1 日アクセス

［8］ The Organizing Committee of the Olympic Games and Paralympic Games. (2013). *London 2012 Olympic Games Official Report Volume 3*. The Organizing Committee of the Olympic Games and Paralympic Games, Ltd., p.56.

第 8 章　新たな事業機会の発見

［1］ Normann, R. (2001). *Reframing Business: When the Map Changes the Landscape*. John Eiley & Sons, pp.25-36.

［2］ Verganti, R. (2009). *Design-Driven Innovation: Changing the Rules of Competition by Radically Innovating What Things Mean*. The Harvard Business School Press（立命館大学 DML 訳『デザイン・ドリブン・イノベーション』クロスメディア・パブリッシング , 2016 年）．

［3］ Verganti, R. (2017). *Overcrowded: Designing Meaningful Products in a World Awash with Ideas*. The MIT Press, pp.55-57.

［4］ Dorst, K. (2015) *Frame Innovation: Create New Thinking by Design*. The MIT Press.

［5］ Verganti, R. ,op.cit.（同上『デザイン・ドリブン・イノベーション』）．

第 9 章　組織のサービスデザイン

［1］ Vaajakallio, K. (2017). Customer experience and service employee experience: two sides of the same coin. In S. Miettinen (Ed.) *An Introduction to Industrial Service Design* (pp.17-24). Routledge.

［2］ Vaajakallio, K., *op.cit.*

［3］ Vaajakallio, K., *op.cit.*

［4］ Vaajakallio, K., *op.cit.*

［5］ Rönnholm, R. (2017). Co-design of change: why changing what people do should be key ingredient in service design. In S. Miettinen (Ed.) *An Introdcution to Industrial Service Design* (pp.83-90). Routledge.

［6］ Bello, P. (2017). What happens before service design. In S. Miettinen (Ed.) *An Introdcution to Industrial Service Design* (pp.110-116). Routledge.

［7］ ラウは 2014 年から 2016 年にかけてゼネラル・エレクトリック社で UX リサーチャーを務めた．Rau, K. (2017). Facilitating corporate partnership. In S. Miettinen (Ed.) *An Introduction to Industrial Service Design* (pp.75-82). Routledge.

第 10 章　公共のサービスデザイン

［1］ Mager, B. et al. eds. (2016). Service Design Impact Report: Public Sector. Service Design Network.? (https://www.service-design-network.org/books-and-reports/impact-report-public-sector) 2017 年 4 月 18 日アクセス

［2］ Rebolledo, N. (2016). The value of service design in policy making. In Mager et al. eds. *Service Design Impact Report: Public Sector* (pp.38-44). Service Design Network.

［3］ Junginger, S. (2013). Design and Innovation in the Public Sector: Matters of Design in Policy Making and Policy Implementation. In Conference proceedings of the 10th European Academy of Design Conference - Crafting the Future. (pp. 1-11).

［4］ Yee, J., & White, H. (2015). The Goldilocks Conundrum: The 'just right' conditions for design to achieve impact in public and third sector projects. *International Journal of Design,* 10 (1): 7-19.

［5］ Drew, C. (2016). Engaging people as service users and citizens. In Mager et al. eds. *Service Design Impact Report: Public Sector* (pp.78-83). Service Design Network.

［6］ Nesta (http://www.nesta.org.uk/) 2017 年 5 月 14 日アクセス

［7］ Innovation Unit (http://www.innovationunit.org/) 2017 年 5 月 14 日アクセス

［8］ 調査対象者に使い捨てカメラや日誌帳を渡して，自身の生活についての記録を作成してもらうことで間接的に観察調査を行う手法』．

［9］ Kimbell, L. (2015). *Applying Design Approaches to Policy Making: Discovering Policy Lab.* University of Brighton.

［10］ D-CENT (http://dcentproject.eu/) 2017 年 5 月 14 日アクセス

［11］ Government Office for Science (2015). *Future of ageing: speculative design workshops.* (https://www.gov.uk/government/publications/future-of-ageing-speculative-design-workshops) 2017 年 4 月 18 日アクセス

［12］ 首相官邸 (2017).「新たな電子行政の方針についての考え方」(http://www.kantei.go.jp/jp/singi/it2/senmon_bunka/densi/dai22/gijisidai.html) 2017 年 4 月 18 日アクセス

［著者紹介］

武山政直（たけやま・まさなお）

慶應義塾大学経済学部教授．1965年，愛知県名古屋市生まれ．慶應義塾大学経済学部を卒業後，同大学院，米国カリフォルニア大学大学院に進学して Ph.D. 取得．2003年より慶應義塾大学経済学部准教授，2008年より同教授として，都市生活者の空間行動やマーケティング，サービスデザインの研究教育に従事．特に近年はサービスデザインの手法開発をテーマとする産学共同研究や，その成果をビジネスに応用するコンサルティング活動も行っている．2013年にサービスデザインの国際的な普及啓蒙機関であるサービス・デザイン・ネットワークの日本支部を設立し，共同代表を務める．2014〜2016年に内閣府経済財政諮問会議政策コメンテーター委員会委員に就任．

サービスデザインの教科書 — 共創するビジネスのつくりかた

2017 年 9 月 19 日　初版第 1 刷発行
2022 年 4 月 27 日　初版第 6 刷発行

著者	武山政直
発行者	東明彦
発行所	NTT 出版株式会社
	〒108-0023　東京都港区芝浦 3-4-1　グランパークタワー
営業担当	TEL 03(5434)1010　FAX 03(5434)0909
編集担当	TEL 03(5434)1001
	https://www.nttpub.co.jp
装丁デザイン	南部隆一・木村恵美理（株式会社 ACTANT）
印刷・製本	精文堂印刷株式会社

©TAKEYAMA Masanao 2017 Printed in Japan
ISBN 978-4-7571-2365-6 C0034